Introducing Kierkegaard: A Graphic Guide by Dave Robinson & Oscar Zarate
Text and Illustrations copyright ©2012 ICON BOOKS LTD
This edition arranged with ICON BOOKS LTD and The Marsh Agency Ltd
through BIG APPLE AGENCY, INC., LABUAN, MALAYSIA
Simplified Chinese edition copyright:
2024 SDX JOINT PUBLISHING CO., LTD
All rights reserved

克尔恺郭尔

Introducing Kierkegaard

[英] 戴夫·罗宾逊（Dave Robinson）/ 文
[英] 奥斯卡·查拉特（Oscar Zarate）/ 图
王志宏 / 译

Simplified Chinese Copyright © 2024 by SDX Joint Publishing Company.
All Rights Reserved.
本作品简体中文版权由生活・读书・新知三联书店所有。
未经许可,不得翻印。

图书在版编目(CIP)数据

克尔恺郭尔/(英)戴夫・罗宾逊(Dave Robinson)文;(英)奥斯卡・查拉特图;王志宏译. -- 北京:生活・读书・新知三联书店,2024.11.--(图画通识丛书). -- ISBN 978-7-108-07916-9

Ⅰ.B534

中国国家版本馆 CIP 数据核字第 20248B64B1 号

责任编辑	李静韬
装帧设计	张 红 康 健
责任校对	曹忠苓
责任印制	李思佳
出版发行	**生活・讀書・新知** 三联书店
	(北京市东城区美术馆东街 22 号 100010)
网 址	www.sdxjpc.com
经 销	新华书店
印 刷	北京隆昌伟业印刷有限公司
版 次	2024 年 11 月北京第 1 版
	2024 年 11 月北京第 1 次印刷
开 本	787 毫米 × 1092 毫米 1/32 印张 5.75
字 数	50 千字 图 171 幅
印 数	0,001 - 5,000 册
定 价	39.00 元

(印装查询:01064002715;邮购查询:01084010542)

目 录

001 哲学发生了彻底的改变

002 餐叉

003 父亲

004 家长

005 母亲

006 一个在劫难逃的家庭

007 上帝的诅咒

008 预言

009 痛苦的缓和

010 学生生涯

011 神圣同盟

012 无用

013 和解

014 父与子

015 苏格拉底的反讽

016 蕾琪娜·奥尔森

017 可怕的错误

018 撕毁婚约

020 奇怪的骗子

021 逃到柏林

022 发现一条道路

023 讲座

024 黑格尔的辩证法

026 对象与思想

027 个体和共同体

028 被湮没的个体

029 克尔恺郭尔对黑格尔的批评

030 将来与过去

031 人性不是一种观念

032 真理和承诺

033 虚构的和真实的人

034 这样公平吗?

035 局外人

036 庸人

- 037 大众
- 038 作家的生存
- 039 《非此即彼》
- 040 反对一致同意
- 041 读者的选择
- 042 审美主义者
- 043 唐璜
- 044 《一个勾引家的日记》
- 046 审美主义的人生和绝望
- 047 空虚
- 048 幻灭
- 049 逃避生活
- 050 法官威廉
- 051 婚姻与承诺
- 052 选择绝望
- 053 伦理学，个体和永恒
- 054 法官威廉是谁？
- 055 宗教生活
- 056 阶段和跳跃
- 057 宗教的阶段
- 058 自由是一种选择
- 060 书，书，书……
- 061 膨胀的头脑
- 062 想象的将来
- 063 优柔寡断
- 064 面对自己
- 065 现在的重复
- 066 什么是生存？
- 068 无人指导你选择
- 069 恐惧、绝望和罪责
- 070 古怪的丹麦人
- 072 信念和不确定性
- 073 信仰建立在理性的基础之上？
- 074 自然神学
- 076 宗教和哲学
- 077 不相容主义者
- 078 否定神学
- 079 帕斯卡尔的赌注
- 080 最终的不相容主义者
- 081 国家基督教

082　理性的基督教世界

083　真正的基督徒

084　证明存在

085　本体论的论证

086　进行理性推理的非理性主义者

087　汉斯·拉森·马滕森

088　黑格尔的基督

089　民众宗教

090　克尔恺郭尔的宗教

091　超验的上帝

092　客观的真理和主观的真理

094　信仰的飞跃

096　信仰和证明

097　生活方式

098　《恐惧与战栗》

099　神圣的命令

100　伦理的领域和宗教的领域

101　宗教的领域

102　超越市民的责任

103　读者的选择

104　信仰的骑士

106　《恐惧概念》

108　恐惧的意义

109　亚当的诱惑

110　害怕自由

111　继承原罪

112　性与罪

113　焦虑的时代

114　接下来的阶段

116　噩梦

117　《致死的疾病》

118　我们的治疗的任务

120　权力意志和自我

121　对自我的忽视

122　什么是疾病？

124　成为一个真正的基督徒

125　世界之中的修道院

128　野生和驯服

129　主教明斯特

130　《瞬间》

131 《海盗报》事件	154 存在主义的关键词
133 《现时代》	155 他是什么意思呢?
134 现代公众领域	156 主观的真理
135 往昔岁月	157 我们真的是"自由的"吗?
137 疾病和死亡	158 决定论的议题
138 临终之时	159 心灵是透明的吗?
139 遗产	160 自由的不确定性
140 克尔恺郭尔和审美主义者	161 社会产物
141 生产线	162 自由的抽象
142 如何走近克尔恺郭尔	164 克尔恺郭尔的后辈
143 存在主义之父?	166 现代神学
144 谁是存在主义者?	167 存在主义的哲学家
146 匿名的大众	168 后现代的反哲学家
147 对选择的漠不关心	169 有一个"真正的自我"吗?
148 客观地主观的东西	170 阿多诺、伊利格瑞和德里达
149 充满激情的信念	171 开放的阅读
150 生存和人的在场	172 延伸阅读
152 责任与献身	174 致谢
153 怯懦	175 索引

哲学发生了彻底的改变

在两千多年的时间里,哲学家们一直认为,他们的首要任务是建立起一种确定的和可靠的知识。索伦·克尔恺郭尔激烈地反对这种观点。哲学工作不是要告诉我们,那些我们能够知道的东西。它必须告诉我们的是我们应该做什么。

餐叉

索伦·克尔恺郭尔生于 1813 年 5 月 5 日,是米凯尔·克尔恺郭尔最小的孩子。他们家给他起的小名叫"餐叉",因为,还是一个孩子时,他有一次威胁过他的食物。

索伦从小体弱多病,备受脊柱弯曲之苦,也许是因为曾从一棵树上掉下来,他才患上这种病症的。他还饱受某种莫名其妙的间歇性癫痫之苦,这种病使得他体质孱弱。一生中,他都厌恶阳光。几乎所有他的全身画像都会显示出他带着一把雨伞的样子。

父亲

他的父亲米凯尔是一个德高望重的人,出生于日德兰半岛一个穷得叮当响的家庭,曾经是一个没有土地的农奴。

在米凯尔 24 岁时,克尔恺郭尔一家搬到了哥本哈根,并且很快就变成了丹麦最为成功的商人之一。在年届不惑之时,米凯尔从商场中退了出来,把他的余生奉献给了对于神学的解释。他这个人聪明绝顶而又一贯虔诚——这个自学成才的神学家特别喜欢邀请不同的牧师到他那所宽敞的城市住宅中,和他们一起讨论基督教的教义。

家长

米凯尔·克尔恺郭尔同时是个说一不二、专制独行的父亲,他要求他的七个孩子言行举止都中规中矩,而且对他绝对服从。此外,他在花钱方面谨小慎微,锱铢必较。他的宗教观念是以下三者的混合:路德的正统主义、摩拉维亚教徒的虔诚和某种强迫症似的精神忧郁。一种幽暗而严厉的基督教教义强调,罪恶、惩罚和受苦是不可避免的。索伦不得不每天都学习连篇累牍的教义问答,并在他父亲面前背诵。

还是一个孩子时,对我的教育,就以一种异常严格和热切的方式进行,我被期待成为一个基督教教徒——从人性的角度讲,我是被以一种精神错乱的方式养育大的。

一个孩子被一个老男人扭曲了。太可怕了!

母亲

索伦出生之时,他的父母亲都年事已高。他那"心事重重的"父亲56岁,而他的母亲,安妮,45岁。他母亲曾经是这个家以前的女用人,目不识丁,而且似乎没有给她的任何一个孩子留下深刻的印象。父亲控制着一切,他的所有孩子,尤其是索伦,对他既诚惶诚恐,又钦佩不已。

我与我的父亲——我无比爱戴的这个人的关系,就像是与一个总是使人痛苦不堪者的关系那样。

一个在劫难逃的家庭

克尔恺郭尔家的七个孩子中,只有两个孩子侥幸存活了下来。由于偶发事件、疾病和生育并发症,这个建立不久的家和他们的母亲逐渐被毁灭了。只有索伦和他的弟弟彼得幸免于难。他们的父亲认为他知道个中缘由。在这位老人最终说出真相之时,发生了1835年的"大地震"。这一年,索伦22岁。

上帝的诅咒

上帝曾经以物质上的富足奖赏米凯尔·克尔恺郭尔,但是又一步步地用杀死他的孩子们的方式来惩罚他。他的所有孩子都没有活到34岁就死去了。(就像耶稣一样,他在33岁时被绞死在十字架上。)但是,原因何在呢?

当我还是一个11岁的孩子的时候,在日德兰半岛的荒野上放羊的我,曾因饱受饥饿和物质匮乏之苦而站在山顶上,恶毒地诅咒上帝。

预言

　　他还忏悔说，他和他的第二任妻子在婚前就发生了性关系，当时她还是一个仆人。极有可能，这也使得上帝大为光火。但是，真正应该对降临到他们头上的一切惩罚负责的，是他少年时期愤怒之下对于上帝的亵渎。

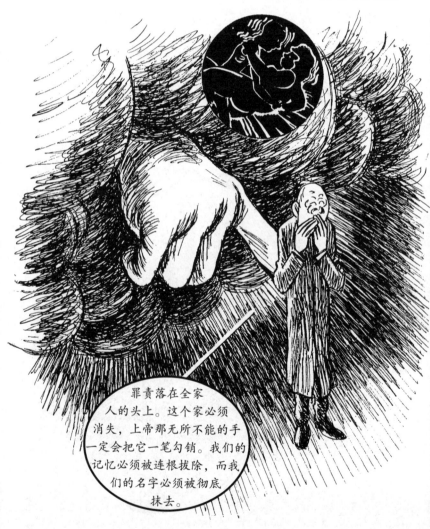

罪责落在全家人的头上。这个家必须消失，上帝那无所不能的手一定会把它一笔勾销。我们的记忆必须被连根拔除，而我们的名字必须被彻底抹去。

痛苦的缓和

这两个男孩似乎都接受了父亲对于家庭不幸的这种无法自圆其说的解释。他们对于以下这一点也深信不疑,他们也都将英年早逝。因此,12年后,当索伦发现他还苟全性命于世上之时,就既喜悦又惊奇。

学生生涯

索伦成了哥本哈根大学的一名学生,他研究神学和哲学,以期成为一位路德教派的牧师。但是,也许是出于对他没有英年早逝的怀疑,他中途彻底放弃了他的学业。他从他父亲的屋子里搬了出来,过着一种丑闻迭出的审美主义式生活。他全身心地投入一种追求快感和娱乐的生活之中,而似乎他父亲为他过这种生活提供了一切资助,这令人惊诧不已。

神圣同盟

索伦很快发现了阅读文学——与神学不同——作品带来的快乐,并变成了一个狂热的戏剧爱好者。他和几个狐朋狗友寻欢作乐、纸醉金迷,他们自称为"神圣同盟"。他们讨论哲学、女孩和戏剧,索伦装腔作势,显得比他实际上更加放荡不羁、更加令人无法容忍。到这个时候,对于他父亲那种极端的宗教观念,索伦逐渐形成了一种更为客观的保留意见,甚至对于自己的基督教信仰也抱有深深的怀疑。就像过去和现在的绝大多数哲学系学生一样,他担心自己是否能够应对生活。哲学自身肯定不能提供答案。

无用

年轻的索伦是一个生性严肃的人,无论他如何费尽心机,都不能真正做到与他的禀性一刀两断而去过一种放荡不羁的浪子生活。他欠了书商、烟草商和饭馆很多钱。他和一群酒肉朋友喝得烂醉如泥,甚至还有一两次性经验。但是,不久,这种追求快感的生活逐渐变成一种勉强为之而不再起任何作用的东西。因为失去了生活的方向,他陷入一种深深的、几乎带自杀倾向的绝望之中,他感到离那些狐朋狗友的生活极其遥远,而那些朋友也都发现他才思敏捷、出类拔萃,但是也极其冷漠无情。

和解

幸运的是,1838年5月,在他25岁的时候,他似乎获得了某种神秘的经验,这种经验重新点燃了他的宗教热情。"有一种无以名状的欢乐在我身上熊熊燃烧起来。"他和他那现在已经体弱多病的父亲达成了和解,但是,三个月后,老人就撒手人寰了。这深深地影响了索伦。

在他的心目中,回到他父亲那里和回到上帝那里或多或少是同一回事。他逐渐相信,他的父亲牺牲他自己,是为了让他儿子能够继续在人世间传播上帝的消息。

父与子

毋庸置疑,克尔恺郭尔有某种极其复杂的"恋父情结"。他把他自己的那个极其偶然的、严厉的父亲的人格投射到专制独断的上帝身上,而他余生的全部著述都关乎这样一个上帝。

索伦似乎也从他父亲那里继承了某种心智的不稳定性。与他的父亲一样,索伦宗教性的心灵框架也是强迫症型的、忧郁的和有负罪感的。

苏格拉底的反讽

1840年,在他的学业中辍了许多年之后,索伦·克尔恺郭尔最终完成了他的神学学位,并且期望成为一个小小的乡村教区的牧师。他写了一篇学术论文,名为"论反讽概念:以苏格拉底为主线"。在这篇论文中,他对苏格拉底褒奖有加,因为后者攻击了大家习以为常的观念和奉为圭臬的智慧,而且因为他那令人印象深刻的反讽的超然。苏格拉底蔑视一切"被固化在他们有限的社会条件之中的人"。

"一切都完美无瑕,毫无残缺,不允许任何对于不满足状态的感性渴望。一切事情都被安排得精确到分钟:你到了二十岁的时候就该坠入爱河,你在十点钟就该上床睡觉。你成家立业,你生活在国内,维持着你在国家中的地位。你生儿育女。"

蕾琪娜·奥尔森

现在,克尔恺郭尔爱上了一个十八岁的女孩蕾琪娜·奥尔森。她既花容月貌,又聪颖过人。他仰慕了她很长一段时间。1840年9月,他向她求婚,而她接受了他的求婚。

他们签订了一个为期一年的正式婚约。于是,克尔恺郭尔开始踏上了一条通往成为哥本哈根受到高度尊敬的社会一员的道路,就像他父亲当年希望的那样。

可怕的错误

但是在宣布订婚后的日子里,索伦知道他铸成了一个可怕的错误。他怀疑蕾琪娜只是出于可怜他才答应和他订婚。各种怀疑和焦虑像洪水一般涌进他的心灵。他不是一块做丈夫的材料。他那深入思考和反思的习惯使得他成了一个"有一只木腿的情人"。

"我在内心深处看到我酿成了错误。我必须让她了解那些令人不寒而栗的事情,我和我父亲的关系,他的忧郁,盘踞在我内心深处的永恒的黑暗,我曾经追求声色犬马和感官享乐。一个法官的声音告诉我,'放弃她'。"

撕毁婚约

克尔恺郭尔惊慌失措,他中断了他们之间的"真正的理智的联系",在接下来的 1841 年的 8 月,把订婚戒指退还给了蕾琪娜。

原谅这个男人吧,即使他能够在某些事情上获得成功,但是,他没有能力使一个女孩获得幸福。

蕾琪娜不情愿与他失之交臂，即使克尔恺郭尔坚持告诉她，他在放荡不羁的学生时代所做勾当的不堪入耳的细节。他体面地假装自己是一个"恶棍"和"欺骗女人的惯犯"，为的是让人们认为要撕毁婚约的是蕾琪娜，而不是他。哥本哈根是一个充斥着流言蜚语的、褊狭守旧的小城市。

但是克尔恺郭尔却没有大发慈悲。"那么，让我们来设想一下我已经和她结婚的情形。那会怎么样呢？在我身上会发生极为可怕的事情，而这些事情足以解释没有一个人能够容忍我这个事实。我和她订婚已经有一年之久，而她却仍然不能真正地认识我。对她而言，我实在过于沉重，而对我而言，她又实在过于轻浅。"

奇怪的骗子

蕾琪娜最终还是放弃了克尔恺郭尔,她和一个先前的仰慕者,更值得托付终身的约翰·弗雷德里克·施莱格尔订了婚。她对于整个事件的过程始终莫名其妙,百思不得其解。

逃到柏林

克尔恺郭尔逃避了哥本哈根的飞短流长和民众的公愤。

"我旅行到了柏林。我备感痛苦。我彻底地发生了动摇,以至于几乎完全理解,我不可能成功地选取那条舒适而又安全的中间路线,虽然绝大多数人都会沿这条路线度过他们的一生。但是,是蕾琪娜把我变成了一个诗人。"

发现一条道路

在柏林,他去听了浪漫派哲学家**弗里德里希·谢林**(1775—1854年)的讲座。虽然他是一个矢志不渝的单身汉,但是,他却用余生——从远处——去赞美婚姻制度。蕾琪娜在他的心目中幻化成了永远不可接近的缪斯。这个略带遗憾的插曲在他成为19世纪一位彪炳千古的作家的过程中起了一定的作用。最终,他下定决心去安顿好他的生活。

我坐下来,吸了一口雪茄,慢慢陷入沉思。你必须要做点什么事情。你必须做某些更有难度的事情。

讲座

同样听过谢林关于德国哲学家**格奥尔格·威尔海姆·弗里德里希·黑格尔**（1770—1831年）的讲座的，还有其他一些非常激进的学生，包括青年**卡尔·马克思**（1818—1883年）。黑格尔哲学对那个时代的欧洲知识分子产生了巨大的影响。

黑格尔的哲学到底是什么？为什么它能够轰动一时呢？

黑格尔的辩证法

黑格尔认为,"理性"是发现真理的最佳方法。但是,抵达真理是一个根牙盘错的过程。如果谁使用理性去探索世界及其中的人类居住者,那么,他常常会以一个表面上互相对立的结论而告终。

理性必然会产生**矛盾**,这一令人厌烦的事实是好事情,因为,那样的话,你就会被迫去调和这二者,并且因此抵达一个更高的"二者"之综合。

这种综合消除了矛盾双方之间存在的表面上的冲突,保留了二者之中真理的要素,并且因此有助于人类理性思想不可避免地朝着"绝对真理"推进。

尽管如此,"辩证的中介"的过程在整个历史中反反复复地发生,最后,人类理性应该能够从意识的较低水平向前发展,直到它达到关于一切事物——人类历史、社会、心理学、政治和宗教——的绝对真理。这是对人类知识和人类潜能所做的一种进化论的解释,这一解释对于许多神学家很有吸引力,而且,它对哲学家的吸引力有过之而无不及。

对象与思想

黑格尔的辩证法是一种"本体论"(什么东西是现实存在的)的逻辑和观念论的形而上学(什么东西是"真正现实存在的")。它也消解了大多数人在世界上的**实在对象**和**人的思想**之间所做的再明显不过的区分。

黑格尔论证说,我们不仅需要**精神性的概念**把向我们显现的物的世界范畴化并对之进行解释,而且需要**物**给予我们一些我们要对之进行思考的东西。这就意味着,"现实"必须既包括思维,又包括对象,因此,"存在"和"现实"这两个词在黑格尔的术语中显示出无所不包而又稀奇古怪的意义。

个体和共同体

但是,真正使得克尔恺郭尔不安的,是黑格尔关于社会与个体的观点。19世纪市民社会的演变过程给黑格尔留下了深刻的印象。社会越是向前发展,个体的权利和自由就越是为所有人理解和接受。但是,社会肯定远远不只是相互从事商业贸易的诸个体的一种集合。

被湮没的个体

在黑格尔理想的社会中,每一个个体的意志和社会的法律必须相一致,因为,归根结底,属人的存在者是由与他者之间的关系所定义的。因此之故,从概念上说,人绝无可能从社会中"退出来",或者说,人绝无可能说,他是社会的某种"局外人"。

除非和其他人处在一种关系之中,否则,个体绝不是一个真实的个人。

但是,那种人与人之间的关系最终是**经济的关系**吗?

这种黑格尔的体系的结论是,个体必须从属于家庭单位,家庭必须从属于社会,而社会必须从属于国家。

克尔恺郭尔对黑格尔的批评

一开始,黑格尔哲学的广阔无垠、浩如烟海彻底征服了克尔恺郭尔,但是,很快,他就感到大失所望。黑格尔的辩证法看起来是一个预先决定的必然过程,在这种必然性之中,个体的选择是虚幻的或毫不相干的。这是一个从"外部"进行描述的世界,对于试图寻找如何生活的克尔恺郭尔来说,这样的一个世界几乎没有什么可以告诉他的。

黑格尔总是遗忘的一件事情是,如何生活。这就像是对着一个饥肠辘辘的人大声朗读菜谱。

将来与过去

　　克尔恺郭尔持有的异议并不只是源于他的个人处境。他接下来转而基于纯粹哲学的理由攻击黑格尔的"体系"。对于任何承诺包容一切的哲学，他都怀有深深的不信任。黑格尔哲学似乎主要是"回望式的"。他有一种"世界历史性的"观点，却忽视了现实的个体是如何过他们的生活的——在当前，每一个个体都持续不断地面临着关于将来的决断。

生活必须以回溯的方式理解，这是绝对正确的。但是，生活也必须是以前瞻的方式**活着**。

人性不是一种观念

黑格尔只是过于理论化了——他痴迷于那些极其抽象的概念,而牺牲了特殊的、现实的人,人永远也不能被还原为纯粹的概念。

如果一种哲学不能告诉我们应该如何生活,那么,它对于学院生活之外的生活是没有任何用处的。

哲学家们花费了太长的时间去关注"人性"的观念了,他们忽视了人类个体的恐惧、欲望、思想、性情、神经官能症和承诺。

真理和承诺

对克尔恺郭尔而言,发现"真理"不仅在于探明事物是如何存在着的,它更多地关涉做出承诺和采取特殊类型的行动。哲学必须比只是冷静地寻求客观真理具有更多的内容。

它必须成为生活的实践指南,即使它不能确切地告诉我们应该如何去做。

人类个体不断地发现他自己处于一种"悖论"(一种必须得到解决的危机)的状态之中,并且期望发现一种"真理"(对于这种危机的解决方案,在承诺要采取某种行动之后)。

虚构的和真实的人

戏剧和小说已经用决定他们命运的"性格特征"和"本质",提供了诸多虚构的人物。但是在真实的人那里,真正的情况正好相反。渐进地随着时间变化而决定他们的性格特征的,是他们选择的行动。为了生活而不是为了漫无目的地在生活中漂泊,你必须选择一种特定的"生存领域"——而这总是一场赌博。它经常要求你立刻做出决定,并意味着承诺在将来以某种特殊的方式去行动。活着作为一种行动,并不能通过某种正在进行的辩证法而得到"调和"。

生活意味着冒险。它是以一种前瞻的方式"被活着",生活"被活到"将来之中。

因此,我们绝不可能等到回首往事的时候,再把它交付给分析和综合。

这样公平吗?

克尔恺郭尔对于黑格尔主义的攻击,是极具吸引力的。

任何人只要把黑格尔的行话描述为"满嘴含着滚烫的糊糊却在大放厥词",就会得到我的支持。

但是克尔恺郭尔的批评,有时候也不得要领。黑格尔公开承认他自己的哲学有许多缺陷。告诉每一个人如何去过他的**特殊**人生,这怎么可能呢?克尔恺郭尔自己的哲学经常奢谈"普遍"的"诸阶段"和吸引力,所以,听起来也是极其危险的黑格尔式的哲学。但是,克尔恺郭尔的哲学和黑格尔的哲学看起来似乎是完全不可公度的。克尔恺郭尔的著作是一种"反哲学",它实际上拒绝了全部西方哲学的正典,拒绝它们对于什么是普遍的和客观的东西的强调,以及对于什么可以认识和什么不可以认识的强调。克尔恺郭尔在玩一种和黑格尔截然不同的"语言游戏"。这就使得任何人都很难用其他人使用的术语,来分析或者批评一个人。

局外人

克尔恺郭尔回到了哥本哈根。他最终逐渐意识到,他是一个天生的"局外人",对这个局外人而言,诸如婚姻和职业这样的普通目标是可望而不可即的。在拒绝了一种特殊的生活方式之后,他自然开始思考"选择"一种特殊的生活方式意味着什么,思考某些形式的生存是否要比其他的更加优越。

生活是一种自动发生的东西呢,还是一种个人必须有**意识地加以选择的**东西?

庸人

克尔恺郭尔看到,大部分人都满足于被吸引到由婚姻、职业和体面等组成的日常世界之中。大多数人都遵从他们的社会的正常实践推测。如果他们生活在基督教的社会中,那么,他们就会去教堂。如果他们生活在有党派的社会中,那么,他们就有义务参加党派的聚会。这并不会使他们变成伪君子,因为他们极有可能从来不会想着,去质疑统治他们的日常思想的那些社会的和经济的压力。

这样的人可能通常会变成成功的公民——但是在我看来,他们还不是成熟的个体。

"通过生产一种幻觉、一种可怕的抽象、一种实际上什么都不是的无所不包的东西、一种幻象,一切事物都必然会被还原到同一个水平之上,而这种幻觉就是'公众'。"

大众

"大众"躲避了对于他们所过的生活的一切自觉反思。克尔恺郭尔提供了许多这种"庸人"的例子。

他们是"公众"的心满意足的成员,但是他们缺乏真正的个人自由,因为他们允许其他人决定,他们应该如何生活。

作家的生存

克尔恺郭尔选择了他自己的与众不同的生活方式。他最终为他的将来做了决定。

他父亲给他留下了一笔丰厚的遗产,这意味着他可以做一个全职作家。他真正意义上的第一本书是《非此即彼》,以署假名的方式出版于1843年2月20日,并且立即引起了文学轰动。

《非此即彼》

这本书是一个稀奇古怪的混合物，其中包含令人大惑不解的前言、绪言、对话、后记、附录、书信、诗歌和日记。除了几个人之外，没有人宣称自己是这本书的"读者"。这是一个狂放不羁的文本，充满关于浪漫关系、宗教、婚姻、勾引、形而上学和艺术的各种完全对立的观点。以几个不同的笔名出版作品，成了克尔恺郭尔的习惯，这在一定程度上是为了避免更多的丑闻。但是，他也想通过不同的生活，创造出一个"间接"的系列，由不同的声音讲述的故事，并在其中把不同的道德对立起来。

反对一致同意

由于戴上了一系列虚构的"面具",克尔恺郭尔可以更加清楚明白地和充满戏剧性地表达自我,从而让每一个人物在表述自己的观点时都可以首尾一致。使克尔恺郭尔的丹麦读者大惑不解的是,这本书中缺少一个压倒一切的"权威的声音",这种声音可以最终引导读者走向某种道德上的一致同意。

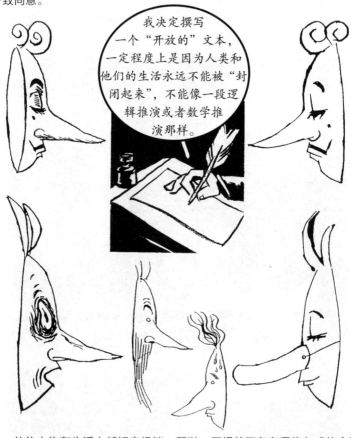

他的人物在生活上都好走极端,所以,压根就不存在黑格尔式的合题或安慰性的"中间地带"的可能性。因此之故,这本书有一个古里古怪的题目《非此即彼》——因为"两者–都"是一条通往地狱的道路。

读者的选择

与在两种抽象的观念之间做出裁决相比,判定哪些个人的品性应该受到崇拜或者指责,是一种更有吸引力的锻炼。有些读者很享受这种迷失方向而不知所措的感觉,喜欢给他们留下自己进行思考和发表观点的空间。另一些读者喜欢有人告诉他们该怎么想。但是,选择最终仍旧不容置疑地是,非此即彼,而不是既……又……,因为这就是生活的本来面目。

克尔恺郭尔希望这本书能够帮助蕾琪娜,学习如何"做了过河卒子,就一直拼命向前"。但是,他永远也不能忘掉她,一直以不能再有一次和她结婚的机会为人生憾事。他整个余生所写的东西都和她相关,虽然只是以拐弯抹角的方式,而且,他在遗嘱里把一切东西都留给了她。

审美主义者

《非此即彼》是由维克托·埃里米塔（Victor Erimita，意思是胜利的隐士）编辑出版的，他是克尔恺郭尔身边一个对于世界作壁上观的冷静的旁观者，一个他的人类同胞的精明观察者。他为我们引入了由"审美主义者A"撰写的关于莫扎特的戏剧《唐·乔万尼》的系列论文，若干古代和现代的悲剧，三个虚构的"遭到背叛的女人"的故事，一篇关于滑稽戏的评论，一篇让人摸不着头脑的论述"如何打败无聊"的随笔，以及一个名叫"约翰尼斯"的人所写的令人拍案叫绝的《一个勾引家的日记》。

《非此即彼》一书一开始就审查，"过一种审美主义者的人生"意味着什么。这种生活完全奉献给感官快乐和即时快乐，心无旁骛。

唐璜

这本书的一个核心主题是勾引。唐璜——或者莫扎特戏剧中的乔万尼——对于生活有一种"魔鬼般的热情",他四面出击,先后勾引了数百名女子。他蔑视任何道德原则,而且对于他给他遇见的所有人造成的痛苦都无动于衷。他拒绝对他的所作所为进行反省,因为如果他那样做了的话,他就不得不在闭门思过或者依然故我之间进行选择。但是,那样一来,他就是蓄意要成为一个毫无原则的好色之徒。

《一个勾引家的日记》

勾引家约翰尼斯是一个极为可疑的人,因为他会反躬自省。他受过良好的教育,智力超群,完全明白他在"过一种哲学家的生活"。"我拒绝诸事缠身,我只想投身于一种感官的快乐。"但是他又是一个局外人,这就意味着,他不是一个完全没有脑子的"庸人"。相反,他是一个工于心计的浪荡子,他以追逐女性为乐,但是丝毫不管最终结果。他的日记细致委婉地告诉我们,他如何神不知鬼不觉地调查他心仪的猎物"考黛利亚"的各种缺点。

我可以在很短的时间之内说服那些容易动情的女孩,来接受我那些关于"自由恋爱"的离经叛道的学说。

"我们不需要订婚戒指来提醒我们,我们相互属于彼此。我们天马行空,乘云驾雾,大风在我们身边呼啸而过。如果你头晕目眩,我的考黛利亚,抱紧我。"

他思如泉涌、诗兴大发，这让她对他深信不疑，使她进入了一种状态：实际上是她自己"勾引"自己。他和她共度春宵，旋即抛弃了她。他想方设法使我们相信，他所做的一切都出自好的动机。

他声称自己是一个"值得尊敬的"人，因为他从来没有承诺与任何人结婚，也从来没有谎话连篇。他似乎在自欺欺人，他不仅疏远了这个世界和他身边的人，也疏远了他自己。

审美主义的人生和绝望

正如庸人完全是由他的社会和经济环境塑造,审美主义者同样完全是由他的自然本能和情感塑造。但是这两种生活方式最终都不能令人满意。一种仅限于声色犬马和感官快乐的生活,最后一定会陷入绝望之中,无论审美主义者为了与无聊相抗争而采取了多么聪明的策略。

审美主义者的每一种生活观,似乎都是绝望的,而每一个以审美主义的方式生活的人都会陷入绝望,无论他是否知道这一点。

审美的人生,归根结底,就是一系列不断重复的、逐渐失去它们的诱惑力的体验,因为每一个个体都有一种对于永恒的感觉,而这种自我放纵的生活永远也不可能满足这种感觉。时光流逝,年轻的审美主义者"A"看到的,无非是凝视着他的脸的重复与死亡。

空虚

书中一个被称为"Diapsalmata"(音乐插曲)的部分包含一系列的名言警句。在这部分中,这种"A"选择的生活方式,被揭示为空无一物的和毫无意义的,只是无穷无尽地与不同的艺术形式、人群和职业打交道而已。

幻灭

审美主义者对于"无聊"这个主题极有兴致，但是，因为不像精力无穷的唐璜，他是一个会反躬自省的知识分子，所以，约翰尼斯的那种自私自利、下作无耻令他自己震惊，他能够审思根据这种以自我为中心的世界观来生活，究竟意味着什么。他极度失望地拒绝了社会的习俗，因为社会习俗强迫他进入索然无味的婚姻和遵守社会规则的义务。但是，他也明白这个世俗的世界——他那一切稍纵即逝、白驹过隙般的快感的来源——实际上是空虚不实的。

逃避生活

很快,他的生活方式变成了一种与其说是探寻,不如说是逃避的模式。他把无聊的情感和对于稍纵即逝的快感的绝望驱逐了,因为这些情感会不时地被长时间的昏昏沉沉和犬儒式的悲观打断。

那么,现在他该怎么办?加入"羊群",加入没有任何反思能力的庸众吗?

法官威廉

在《非此即彼》的第二部分，出现了一位法官"威廉"，对于"生存的领域"，他具有一种不同于灰心丧气的审美主义者的观念。

仅仅投身于快感的生活，命中注定是要完蛋的。年轻人最终会耗尽新的感觉能力，他的财富和天赋也会逐渐消失。法官威廉指出，"A"会一直不快乐，因为他会永远陷入对于过去的快乐的回忆或对于新的快乐的期待之中。

婚姻与承诺

这就是"治疗"开始的时候。法官说,把浪漫的爱情和社会责任设想为不可逆转地对立的,这是错误的。对于一种伦理生活来说,存在着与机械地服从社会的法律相比更多的东西。在写给年轻人的两封信中,他论证说,尽管人类深陷于时间之中,但是他们可以选择发展和改变。

婚姻始于对将来的一次承诺,它会改变一个人有关永恒的观念。这会使得婚姻能逃避"即时",把两个独立个体,转变为稳定的共同体中的两个积极成员。

选择绝望

然后,法官给了年轻人一些奇怪的建议。他告诉"A"要"选择绝望"。他这样说的意思是,投身于掩饰绝望和逃避绝望的生活,仍是徒劳无益的。通过选择绝望,年轻人可以直面导致他那忧郁的感情的原因,认识到他的罪责,对自己的所作所为感到悔恨,从而凭借更高的善恶的范畴而生活,并且意识到,生活不仅仅是一场游戏。

法官威廉还安慰"A"说,伦理生活并不排除对生活中的美和美好事物的享受——只是它们不再是生活的唯一原因。

伦理学,个体和永恒

这位善良的法官还强调,在伦理生活之中,有比"群体道德"更多的东西。"每一个个体在生活的过程中,必须选择一套道德原则,在社会秩序之中找到一个位置。"有时,伦理的个体发现他自己会和他所在共同体的社会规范发生冲突,但是,在正常情况下,伦理生活会带来满足,因为它赋予那些选择它的人以生活的意义。

伦理的生活赢得了对于生活的概观,一种更大的自我感觉,并且改变了时间的概念。生活不再是逃避无聊和绝望的一系列策略,而是某种和**永恒**相关的东西。

法官威廉是谁？

坦率地说，法官威廉有点无聊，尤其是在勾引家约翰尼斯展示出那么多道德上成问题的刺激的故事之后。对于堕落的两性关系巨细无遗的叙述，比起那种伦理的训诫读起来肯定有意思得多。即使威廉是一个极其正统的路德宗新教徒，和米凯尔·克尔恺郭尔共享很多观点，而且正如他的教名暗示的，他有一些带有很浓的黑格尔色彩的观点，也改变不了他的无聊。

以伦理的方式生活的人，在他的生活中表达了普遍的东西。

只有通过成为共同体的一部分，一个人才能完全实现为一个人。

法官关于婚姻生活的观点，也是非同寻常地乐观。

在这里，克尔恺郭尔似乎一定程度上在幻想着他和蕾琪娜本来可能会过上的生活。

宗教生活

令人极其不安的是,《非此即彼》并不是以睿智的法官的建议作为最后的话而结束,而是以一个淳朴的乡村牧师的宗教布道来结尾。

人类是固执己见、坐井观天而陷入时间之中的造物,法官威廉的伦理生活,也许只不过是通往某种更高的和更神秘的东西之踏脚石。

阶段和跳跃

克尔恺郭尔多次返回到"诸阶段"或"生存的诸领域"的观念。每一个人最终都要面临其他的生活方式——就像保持单身还是步入婚姻。每一个个体都必须选择这种或那种方式,因为不可能做到"兼得二者之精华"。

任何一个"阶段"都不比别的阶段更加"理性",所以,归根结底,每一个个体的选择总是"不合逻辑的"。每一个人都必须做出巨大的"跳跃",才能达到另一个阶段——这通常是因为那些压倒一切的自卑和绝望的心理情感,迫使他们这样做。

宗教的阶段

对于克尔恺郭尔向往的生活方式——宗教的世界观——而言,这种危险是特别真实的。苦行色彩极其浓厚的现代哲学家**路德维希·维特根斯坦**(1889—1951年)也同意这种观点。宗教是一种"生活形式",包含在这种生活形式之中的许多概念和时间,只有从"内部"才能得到理解。任何人都不能真正地向你描述它。

自由是一种选择

对黑格尔而言,人的自由是一种派生性的和集体性的观念——这样的自由概念,只有在共同体的理想中才有意义。而对克尔恺郭尔而言,"自由"是一种更加绝对和更加神秘的人类属性,它只有在一个个体**拒绝**服从集体同意的时候,才获得意义。

被授予人类的可怕的事情是,对自由的选择。

使你成为一个真正的个体的是,通过选择而练习自由。"在进行选择之时,成为问题的与其说是选择正确的东西,不如说是一个人进行选择时具有的能量、郑重其事和感伤。"

跟你如何进行选择相比，你选择的东西没有那么重要。这就是为什么克尔恺郭尔经常以极其具有说服力的方式，向他的读者提供截然不同的价值观念，但是又让每一个读者对自己的选择负责。

在向上攀登到"绝对真理"中，绝没有什么不可避免的"黑格尔式的逻辑"。

书，书，书……

在《非此即彼》获得成功之后，克尔恺郭尔以惊人的速度用笔名出版了一系列的著作。尽管到那时为止，大部分哥本哈根知识分子对于谁写了这些著作已了然于胸。

《恐惧与战栗》，沉默的约翰尼斯，1843年

《重复》，康斯坦丁·康斯坦丁乌斯著，1843年

《哲学片段》，约翰尼斯·科利马库斯著，1844年

《恐惧概念》，维吉卢斯·豪夫年西斯著，1844年

《人生道路诸阶段》，希拉里乌斯·布克宾得尔著，1845年

《最后的非科学性的附言》，约翰尼斯·科利马库斯著，1846年

他还出版了更多正统的、署名的关于宗教主题的著作，经常是和上面列举的那些更有挑战性的著作同时期面世：《布道词》（1843—1844年），《关于虚构场面的三篇演讲》（1845年），《以不同的精神所致的布道词》（1845年），《基督教论集》（1848年），《野地里的百合》《天上的飞鸟》（1849年）等。

膨胀的头脑

克尔恺郭尔相信他已被宣告有罪,必不得寿终正寝,这在一定程度上可以解释他那异乎寻常的高产。对于他这种源源不断地有著作面世的状况一个同样令人信服的解释是,他是一个有强迫症的思想家,下定决心要把他关于世界上所有东西的想法都公之于众:哲学、艺术、神学、人的生存,以及也许是所有方面中最重要的一点,"成为一个基督徒"。对于一个体质极其柔弱的人来说,其高产是令人叹为观止的纪录。

想象的将来

《重复》发展了取自以前的《非此即彼》的一个想法。无论是把它归为哲学类著作还是归为神学类著作,都是不可能的,它是二者的一个错综复杂的混合物。它的虚构的作者是康斯坦丁·康斯坦丁乌斯,这个精明的知识分子给我们讲述的是一个坠入爱河的年轻人的故事。在主人公订婚后一两天,一个奇怪的思想向他袭来。他想象他将来不是一个幸福的已婚丈夫,而是一个万念俱灰的老男人,他深陷在椅子中,回想起年轻时候的爱情。

于是,他恐慌不已。

我爱的那个女孩其实是缪斯,她把我变成了诗人,但是我已经看到,与她成婚可能会通向何方。

"她把我变成了一位诗人,而在这样做时,她已经签订她自己的死刑执行令……"

优柔寡断

这个优柔寡断的青年诗人突然终止了婚约。康斯坦丁乌斯建议他佯称自己有一个情妇。他那气愤的未婚妻将会与他一起执行其计划——拒绝他。青年可没有胆量走得那么远。但是，几天之后，由于不知道他是否做出了错误的决定，他变成了一个总是想起"可能会发生什么的"不快乐的人。

但是，后来，他在报纸上读到，她嫁给了别人。于是，"重复"是不可能的。青年自杀了——在第一版中，他是这样做的。就在这个时候，克尔恺郭尔获悉蕾琪娜已和另一个男人订婚的消息，于是，他把结尾给改了。在后来的版本中，这个年轻人庆祝了自己的独立，他成了一个作家。

面对自己

《重复》讲述了一个自己加给自己痛苦的奇怪故事,它一定程度上是自传性质的,一定程度上是治疗性质的。但是它实际上进一步探讨了一个自欺的个体的观念,这个个体过着随波逐流的生活,梦想着虚假的过去与将来。

很容易患上一种念旧症,认为过去的事情总是比现在更好,或者希望将来比现在更好。这二者是那些逃避"面对自己"的人常常使用的相同的伎俩。他们最后总是陷入优柔寡断,处在一种持续不断的莫名其妙的忧郁与悔恨之中。

现在的重复

因此,"重复"可能是一件好事情——如果它意味着你有第二次机会重新选择你过去错失的东西。《重复》也加强了这样一种想法,最好生活在现在,而不是某个虚构的"别处"。而婚姻的"重复"是一种让自己从想象的希望和悲伤的悔恨之中解脱的方式。

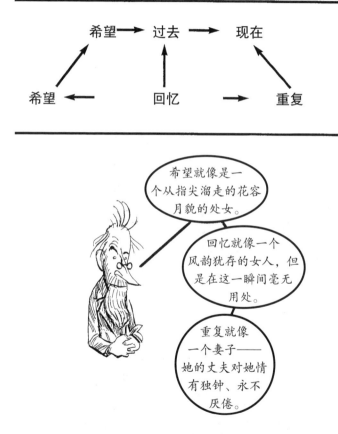

什么是生存?

克尔恺郭尔主张,直到最终决定他要做什么之时,这个青年诗人才算是真正在"生存"(exist)。这样说是什么意思呢?显而易见,对于"生存"来说,不仅只有呼吸、饮食和思考。法国哲学家**勒内·笛卡尔**(1596—1650年)信心十足地认为,他证明了每一个思想着的个体不得不存在("我思故我在")。

一切科学的哲学最终源自于某一主观性的知识。

在我看来,一切东西都"存在着":人、历史、观念、概念和精神。在我的"体系"之中,把一种东西和另一种东西区分开来,并不那么重要。

但是黑格尔的"存在"(Being)是什么意思呢?他把它变成了没有任何人曾经是或者能够是的东西,变成了一种幽灵。

克尔恺郭尔坚持认为，哲学的概念和个体的人是以完全不同的方式"存在着的"。决定着人的生存的，是那个活生生的、奋力抗争的、受苦受难的自身（self），而不是某种只是意识到他的思想的疏远的、抽象的自我（ego）。

克尔恺郭尔的观点是一个相当基本的观点。各种概念和理性只能告诉我们一些和生存的可能性相关的东西，并不涉及生存的现实性。一个数学家可以愉快地用理性和概念告诉我们，公园里一个圆形池塘的面积和周长，但是他无法做到用理性告诉我们，这样一个池塘是否真实地存在着。

无人指导你选择

"生存"比我们身上与生俱来的东西要更多一些。它是我们必须通过努力奋斗才能获得的东西,通常要先区分你自己和"大众"。"大众"可能在生物学的意义上是活着的,但是他们并不"生存"。它的意思是,克尔恺郭尔的个体通常是非社会的存在者,甚至是反社会的存在者,与其身边的人意见相左。只有通过承认他们真实的状况——知道他们可以自由地进行选择,并且因此而对他们的选择负责——他们才能真正地"生存"(或者像后来的"存在主义者"说的那样,他们才变成"本真的")。

恐惧、绝望和罪责

选择你成为什么样的人的自由和选择想怎么做的自由,表面上听起来极其具有吸引力。但是一旦做出了决定,那么,只有你才能为之负责——即使事情发展得极其糟糕的话。

一个人只有在不得不过这种生活时,才会选择这种生活方式——这就是克尔恺郭尔所说的那句非常著名却又令人百思不得其解的话,"**真理即主观性**"的真实意思。

古怪的丹麦人

克尔恺郭尔本人选择了一种极其古怪的生活方式。他的日子平淡无奇，波澜不惊。他很少离开哥本哈根。他的整个一生由从事著述、逛剧院和到周边国家做短暂的旅行等组成。

他非常享受在城市的街头瞎溜达，一个驼背的黑色身影，拿着一把伞，跟普通人闲聊，而他对他们的谈话评价非常高。像绝大多数虔诚的丹麦人一样，他定期去路德教派的教堂。现在他自认为是一个"宗教诗人"。

克尔恺郭尔的一切著述，以这种或那种方式，深入地关注宗教生活。毫不奇怪，他猛烈地抨击黑格尔关于宗教和宗教信仰的分析。这把我们带向他的哲学最重要的专注点——**宗教信仰**和**理性**之间的关系。他就这个主题写下了大量的论著，但是这些更加"哲学化的"著作都是以假名出版的。

信念和不确定性

每个人都有很多信念，从日常的信念到宗教的信仰。我们大部分的信念都是建立在习惯的基础之上的，有些是建立在理性和明证性的基础之上，还有许多是建立在信仰的基础之上的。

信仰建立在理性的基础之上?

一种被认为是"理性的"信念,通常要预设某种证据或者说有效的论证。然而,一种建立在信仰的基础之上的信念,更多地涉及个人的期望,而且通常诉诸某种超验的权威。

很多哲学家和神学家认为,理性与信仰可以齐心协力地形成宗教信念的坚固基础。而另一些哲学家和神学家坚持认为,这二者生来就不共戴天。

自然神学

有些"护教的"神学家坚持认为,理性和信仰可以得到调和,这种神学家有时候被称为"自然神学家"或者"和谐共存主义者"。他们通常论证说,上帝的存在可以通过理性来证明。"自然神学"至少可以追溯到**柏拉图**(公元前427—前347年)和**亚里士多德**(公元前384—前322年),他们共同诉诸如"神"和"不动的推动者"这样的超验的存在者。

柏拉图

神学家圣安瑟伦
(1033—1109)　　圣托马斯·阿奎那

理性主义的哲学家——笛卡尔和**戈特弗里德·威尔海姆·莱布尼兹**(1646—1716年)——也提供了这种证明的更加精心阐述的版本。

黑格尔解决理性和信仰之间的这种冲突的方法，本质上和通常地是消融掉这种冲突。在黑格尔看来，上帝并不是一个先验的存在者，而是"内在的"——他是全体人类以及他们的精神自我的一部分。实际上，上帝等同于"绝对的现实性"——一切存在的东西。

只有一个存在，……事物的真正本性构成了存在的一部分，在信仰者之中存在着一种神圣的元素，这种元素会重新发现自身及它真正的本性。

道成肉身——上帝以基督的形式变成了人——不过是一个带有寓意的寓言，它告诉我们，神圣的本性和人类的本性，并不是完全不同的或者内在不同的。

宗教和哲学

宗教仅仅通过神话和象征暗示根本的真理,而哲学最终更加清楚明白地揭示这些真理。宗教是想象的和比喻的,而哲学是理性的和概念的。某些神学家赞同黑格尔对宗教的启示和宗教的价值所做"护教式"解释,而且同意它对善来说是一种肯定性的力量。

宗教的信念加强了那些奠基性的社会道德原则,而且有助于把不同的共同体联系在一起。

但是,也许黑格尔在宗教和哲学之间进行"调停"的代价太高了……

黑格尔把基督教的学说溶解成了含混不清的哲学糨糊。

不相容主义者

"相容主义者"的一个显而易见的问题是,基督教的学说似乎完全超出了理性的证明之外——上帝从虚无之中创造世界。他既是一个位格,又是三个位格。作为一个无限的存在者,他又以人的形式显示出了一种短暂而有限的存在。聪明的神学家尝试着去解释这些悖论。但是一种更彻底的处理悖论的方式是,颂扬其荒唐。别忘了,如果上帝的存在能够被**证明**,而且基督教的学说也被弄成了从逻辑上可证明的,那么,首先就不会有对于信仰的真正需要。

否定神学

方济各会哲学家**约翰·邓·司各特**（1266—1308年）和**奥卡姆的威廉**（1285—1349年）对于哲学家证明上帝存在的尝试，秉持批评的态度。

帕斯卡尔的赌注

法国数学家和哲学家**布莱士·帕斯卡尔**（1623—1662 年）承认，单有理性还不足以解决任何宗教信仰的问题。他提出了著名的"帕斯卡尔的赌注"。信仰上帝是更好的赌注，因为即使你赌错了，你对各种后果也一无所知；如果你赌对了，那么，天堂将会等候着你。

最终的不相容主义者

克尔恺郭尔阅读过并且崇拜的神学家有德尔图良、路德和帕斯卡尔,以及时代靠得更近的神学家**弗里德里希·施莱尔马赫**(1768—1834年)。施莱尔马赫论证说,宗教就是它自己的那个独特的、和理性没有任何关系的"生存领域"。克尔恺郭尔本人或许是一切时代中最彻底的和最不妥协的不相容主义者。

问题并不在于理解基督教,而在于理解到基督教是不可理解的。

克尔恺郭尔频频强调,他的哲学总是围绕着唯一的、简单的但又带有欺骗性的问题:"成为一个基督徒意味着什么?"

国家基督教

对于绝大多数人来说,成为一个基督徒主要意味着,他们出生在一个父母均是基督徒的家庭,他们在日常生活中遵循某些基督教的仪式,从去教堂做礼拜获得了团结和价值等温暖的情感。这对于丹麦的路德宗新教徒中去教堂的那部分人来说,尤其是真实的,这些去教堂的人,一面是丹麦公民,一面也被要求成为国家教会的成员。

"就这样,国家把这样一个事实建立为一种永恒的原则,即一个孩子生下来天然就是一个基督徒。国家一代又一代地提供各种各样的基督徒,他们每一个人都贴上了国家制造的标签,一个基督徒和所有其他基督徒完全一样,不差毫厘,整齐划一,雷同一律,就像是一个工厂生产出来的产品。"

理性的基督教世界

克尔恺郭尔对于他所谓的"基督教世界"大加挞伐。这个世界包括这样一个世俗的和科学的时代中绝大多数去教堂的人。后者宣称,基督教是一种理性和感性的宗教,在黑格尔已经证明的,并且是西方哲学思想必然后果的真正教义之上建基。

但是,在克尔恺郭尔看来,成为基督徒是一个神秘而痛苦的过程。没有人知道,成为基督徒究竟意味着什么。

我们所有人都是基督徒,压根就不会去怀疑,基督教是什么……

真正的基督徒

克尔恺郭尔的基督教完全不同于这种"周日基督教"(星期天去教堂做礼拜)。根据定义,每一个基督徒都是一个个体——所以,某种特定的宗教制度的成员资格并不能说明什么。一个真正的基督徒很少喜眉笑眼或者妄自尊大。克尔恺郭尔的基督教很像他父亲的基督教——一种罪责、焦虑与痛苦混合的宗教。基督教必须是一种完整的生活方式。这就意味着,一个人不可能既是一个真正的基督徒,又是一个成功的社会人士。因此,一个真正的基督徒必然是一个"局外人"——这样一种要求是绝对的。

证明存在

证明上帝存在的各种企图,对于最高的疯狂的喜剧来说,是一个精彩的主题。克尔恺郭尔一次又一次地证明这样一个道理:从来都不可能证明有什么东西存在着。

"我曾经断言,问题之中的客体已经存在,全部的证明总是会变成从我的这个断言中得出的那些结论的一个附加发展。这样一来,我总是从我的存在出发进行推理,而不是以我的存在作为目的来进行推理。例如,我不能证明那块石头存在,但是可以证明某个已经存在的东西是石头。"

本体论的论证

克尔恺郭尔对于本体论论证的批评是,你不能把**任何东西**的存在从它们的定义中或者某些巧妙的逻辑中拖拽出来。无论你如何殚精竭虑、煞费苦心,上帝的存在都不能像某些数学的定理一样得到证明。这尤其适用于我们这种有限的存在者,我们的理智实在太有限了!

进行理性推理的非理性主义者

一个经常针对克尔恺郭尔的批评是,尽管他声称鄙视一切哲学的方法,对理性不屑一顾,但是,在他对正统的基督徒关于上帝存在的"证明"进行攻击之时,他以非同凡响的方式使用了这二者(哲学方法和理性)。但是,克尔恺郭尔从来没有说过,成为一个基督徒和使用理性这二者是势不两立的,他只是说,理性不能使你成为一个信徒。其实,和黑格尔一样,克尔恺郭尔极为称道一个事实,是抛出不可调和的悖论,乃是理性思想的一贯特征。

没有悖论的思想家,就像是没有感情的情人。一切思想中最高的悖论,是试图发现某种思想根本不能思考的东西。

但是,和黑格尔不同,它从来没有想过宗教思想可以得到"调停"。

汉斯·拉森·马滕森

有一个丹麦神学家表示忠于黑格尔的观点，他就是**汉斯·拉森·马滕森**（Hans Lassen Martensen，1808—1884年）。他是哥本哈根市一个声望卓著的人物，经常造访克尔恺郭尔的家。马滕森是一个讲得通道理的宽容主义者和自由主义的神职人员，他试图缓和米凯尔·克尔恺郭尔对于他那充满复仇精神的上帝所持的非常悲观的观点。

信仰基督教意味着从根本上接受荒唐的教义，尤其是那些创立者确定的教义。

黑格尔的基督

在黑格尔看来，基督显现在大地上——道成肉身——是对于普遍和特殊、有限和无限的潜在统一的一种"前反思的"表达。换言之，基督的故事，是"纯粹思维"的一种原始类型，它暗示了一种后来的哲学家将会澄清的、更加深刻和更加概念化的真理。基督不过是通过对表面上无法调和的矛盾进行综合，而达到的概念性统一的一个具体例子而已。

基督这个神-人（God-man）是一种异乎寻常的结合，这种结合直接和知性相矛盾。

尽管如此，它揭示的真理是，神圣的本性和人类的本性并非明显地截然不同。

民众宗教

神与人可以达到一种辩证的综合,因为人在其自身之中已经拥有"神性"。通过完全理性化,人的精神能够接近神,并且因此而变成像基督的人(Christ-like)。因此,对于那些相信内省、信任他们个人的良心和崇拜一个完全超越的上帝的基督徒,黑格尔大蹙眉头。

基督教只有作为构成共同体的市民生活之基础的民众宗教,才是最有价值的……

国家的道德生活和国家的宗教灵性由此而彼此作为对方力量的保证。

克尔恺郭尔的宗教

克尔恺郭尔既论证了基督教信仰的对象内在地是悖论性质的，又论证了基督教信仰的行动自身是荒唐的。在基督教的核心有一种深刻的非理性，哲学无法"吸收"这种理性。基督的道成肉身——一个无限的神性以人的形式而具有历史的和有限的存在——是完全自相矛盾的。从逻辑上说，"时间性的东西"和"永恒的东西"是不可能共同存在的。

如果上帝是一个"超验的"存在者，完全脱离了人类，那么，又如何可能解释基督在大地上生存这一事实呢？

超验的上帝

在克尔恺郭尔看来，我们所有人都是可怜的和有限的时间性的存在者，这种存在者的理解完全可悲地限制于我们在尘世的处境之中。认为我们也能够有上帝一样的视野，超出时空之外，这真是愚蠢之极。任何人都不能，甚至黑格尔也不能，达到"纯粹思想"这样一个有利的位置。

黑格尔暗示，人和上帝只是在**程度**上有差别……

我坚持认为，他们在**种类**上是完全不同的，不具有可公度性。

"只要有任何人存在，他本质上就是一个生存着的个体，这个个体的根本任务，就是把注意力向内集中于其生存之中；而上帝是无限的和永恒的。"

客观的真理和主观的真理

克尔恺郭尔还挑战了长期以来被奉为圭臬的关于真理的哲学观念。传统哲学关于知识的观念是，知识使得个体真理的等级降低了，知识坚持的是一种超出私人之外的观点，在看待事物时丝毫不带个人情感和不涉及个人利益。

克尔恺郭尔对于这种排他性的真理定义不屑一顾。

> 如果某种东西是**真的**，那么，它必须是**客观的**。

> 如果真理必须对所有人都是真的，那么，它就无异于是对一种普遍化的观点的一致同意。

每一个人都能意识到这样一个事实，即某些情感性的真理是主观的。我喜爱我的猫，但是那不是我期望所有其他人都赞成的真理。其他人的无动于衷并不意味着，它对我来说不是真的。

同一个道理也适用于这样的个体，他不得不做出一个改变生活的决定，而这些决定对他或者她来说是"真实的"。极为常见的是，这些决定都是在某些特殊的时刻、某些特殊的处境下不得不迅速做出的。根本不存在一条规则或者一本指南告诉你什么"对你来说是真的"。克尔恺郭尔频频以下面这种略带夸张的警句提出这一点：

"我们的时代本质上是一个理性和反思当道而没有激情的时代。现在，甚至一个自杀者都不是在绝望中杀死自己的。在采取措施之前，他瞻前顾后的时间之长，他前思后想时的那种小心翼翼，令他实际上是被思想噎死的。他不是因为过于深思熟虑而死，他是死于深思熟虑。"

信仰的飞跃

这种主观性的另一个例子是宗教的"真理"。就这种真理而言,个体并不能获得任何外在的、理性的保证。显而易见,这种情况也适合于一套内在地呈现悖论性质的宗教教义。"如果真理即主观性,那么,真理客观上就变成了一个悖论。真理客观上是一个悖论这一事实反过来显示出,真理即主观性。"

无论他的辩证法多么匠心独运,黑格尔都不能祛除位于基督教信仰之核心的那些格外刺眼的矛盾。真正的基督徒必须选择他们自己的确定性——关于一种客观的不确定性的确定性——并且进入一种悖论性的心灵状态,这种状态使得冒险和"信仰的跳跃"成为必然。那么,"信仰"是什么?

信仰通常被定义为：对于得不到任何证明或者没有任何关于它的证据的那种东西的信念。圣托马斯·阿奎那认为，信仰是为了这样一种人而存在的，其理智不足以遵从他们自己的复杂哲学"证明"，或者说他们学不会遵从这种证明。但是，对于克尔恺郭尔来说，信仰不是这种类型的（与哲学相比）二流的信念，而是一种"充满激情的内在性"，是接受一种独一无二而不稳定的生活方式。它无关乎知识、证明和证实。

* 1英寻约等于1.83米。——编注

信仰和证明

基督教信仰是这样一种东西,它能够以证据、证明或知识从来不能做到的方式,来彻底地改变个体的生活。例如,如果我们发现了科学的证据可以表明,物质不能从"虚无"之中创造出来,这是有趣的,但是它实际上并不能改变许多人的生活。与其说信仰像知识,不如说信仰像视力,它是直接产生的充满活力的东西,这句话的意思是,**证明**基督教,实际上把它变成了一种情感上空洞无物的东西。

只有在信仰开始丧失了它的激情的时候,证明才是必要的。

生活方式

信仰牵涉我们与上帝的关系,后者距我们的尘世无比辽远,是不可见的、永恒的和超验的。这种关系常常能够在致力于它的那些人之中激起一种罪责般的、绝望的情感——任何在宗教生活之外的人是无法理解这种情感的。

克尔恺郭尔给基督教留下的独特印记,是一种信念体系,这一体系似乎能够证成他自己的源源不断的恐惧感与罪责感。他对那些情感的理解真可谓"登堂入室"了。

基督教肯定不是一种忧郁;相反,对于忧郁来说,它是一个好消息。

我们偶尔会在极其罕见的个人启示的瞬间瞥见永恒。但是,它和正统的基督教的天堂几乎没有什么共同之处,它过去和现在于基督的在场中,都完全致力于基督的教导,这整个生活方式抛弃了一切其他的"存在领域",甚至包括伦理的领域。这就是《恐惧与战栗》一书讨论的主要问题。

《恐惧与战栗》

这本书几乎与《重复》同时出版,却又泾渭分明。《恐惧与战栗》是由沉默寡言的约翰尼斯讲述的,这个人设法要和投身于一种宗教的生活方式达成一种和解。他的叙述围绕着圣经中亚伯拉罕和以撒的故事展开。亚伯拉罕听到了上帝的声音,上帝告诉他到山顶上拿他的儿子献祭。他毫不犹豫地服从命令,准备杀死他的头生子。

"亚伯拉罕在那里建造了一个祭坛,把他的儿子以撒绑起来,把他放在祭坛上。亚伯拉罕伸出手,拿起刀,要杀他的儿子。"

神圣的命令

幸运的是，一个富有同情心的天使插手了这件事，以撒得救了。一只"角被夹在灌木丛中的公羊"扮演了替罪羊的角色。但是这个故事仍然让约翰尼斯感到震撼。亚伯拉罕甚至在考虑执行这样一种违反自然的、非理性的和不道德的行为，而约翰尼斯发现，很难接受亚伯拉罕因为服从上帝的命令而受到的赞美。

伦理的领域和宗教的领域

很明显,在"伦理的领域"(《非此即彼》中,法官威廉所推荐的领域)和奇怪的与令人不安的"宗教领域"(这个领域似乎允许杀死婴儿)。克尔恺郭尔很喜欢采用《圣经》中的故事,并且以这种方式重新对它们进行考察。这是一个年迈而专横的家长和他胆小如鼠的儿子之间的故事,这个故事之所以特别受克尔恺郭尔青睐,有好几个很明显的原因。

宗教的领域

在经过长期的斗争之后,约翰尼斯逐渐接受了以下这点,如果一个人以如此直接的方式遭遇上帝,那么,正常的人类伦理和行为规则都不再适用了。

信仰就是这种悖论,个体作为特殊,要高于普遍。

选择完全遵从上帝圣言的必要前提是,从传统道德信念的日常世界中做一次巨大的"跳跃",跃入一种可以对个体提出蛮横无理的要求的生活方式。最终,约翰尼斯承认亚伯拉罕的信仰有一种令人惊讶的美,但是,在他问到自己是否能够做同样的事情时,这种美就被还原为"恐惧和战栗"。他得出结论说,他本人还没有准备好,转向这种完全不可理喻的生活方式。

超越市民的责任

亚伯拉罕的考验确实是一个令人疑窦丛生而又不安的故事。克尔恺郭尔用这个令人震惊的例子，蓄意夸大这样一种情形：宗教生活和伦理生活之间相距到底有多么远。这个故事也是含而不露的批评，针对的是黑格尔试图把基督教融入市民生活的伦理之中的计划。"从我的角度来说，我在理解黑格尔哲学上耗费了大量的时间，而且相信我已经窥得其堂奥。但是，思索亚伯拉罕完全是另一回事，我被击打得体无完肤。"

读者的选择

亚伯拉罕的选择的非理性,看起来是如此绝对,我们很难设想还有比杀死自己的孩子更大的犯罪行为。我们大部分人都会认为,他的"声音"的故事和他的"理性"其实是疯子的"声音"和"理性"。他不可能向其他人证明其行为的正当性。但是,显而易见,上帝的意志和共同体的市民生活,几乎没有什么关系。

亚伯拉罕的职责,不在于遵守道德法则,而在于服从一个不可思议的更高权威——上帝的意志……

也许,最好是把克尔恺郭尔的故事当作是一种挑战。读者必须自行决定,对于亚伯拉罕服从神圣命令的行为是原谅,还是谴责。克尔恺郭尔一如既往地使选择保持开放状态。但是,他关注的点是:在大家共享的社会规范和一个基于完全神秘的、超验的源泉的价值体系之间,存在着巨大的差异。

信仰的骑士

像亚伯拉罕那样的真正的信仰者，其本质上是反社会的。他们总是和社会中占据主流的社会标准发生冲突，无论这种标准是犹太教的、罗马天主教的，还是路德教的。当然，克尔恺郭尔看起来在称赞他所谓的"对于伦理的东西的目的论*悬搁"——这个主张宣称，某些像亚伯拉罕那样的人，"信仰的骑士"，可以免除我们其他人必须坚执的道德考虑，即使他没有这样直接说过。

通过这个行为，他逾越了全部伦理的东西，并且在伦理之外有一个更高的原因。

---

* 原文是 teleological, 按上下文应该是 theological, 神学的。——译注

法国存在主义哲学家**让-保罗·萨特**（1905—1980年）也是克尔恺郭尔的一位伟大的崇拜者，他极其干巴巴地指出，亚伯拉罕实际上做了两个选择。

《恐惧概念》

这本古里古怪的书的叙述者,是维吉卢斯·豪夫年西斯。他以评论这样一个事实开篇,即"恐惧"(dread,又译焦虑,anxiety)是绝大多数哲学家回避考察的东西。(当然,现在,它是精神分析学家考察得最多乃至有点过度的一个主题。)这本书的副标题也令人丈二和尚摸不着头脑——"以教义学的原罪问题为朝向的单纯心理学研究"。

《恐惧概念》是一本自传性色彩极其浓厚的著作,它那种间接的叙事方法丝毫无助于它的障眼法。克尔恺郭尔一开始就在"恐惧"和"害怕"之间做了一个区分。害怕很容易就可以得到解释。

一旦个体面临某种特殊的危险,害怕是人的一种自然的情感,

但是"恐惧"就不同。……它是一种对忧郁和不安的朦胧感觉,这种感觉似乎怎么样都挥之不去。

恐惧或者焦虑困扰了许多个体,但是他们通常不能解释清楚它的原因。

恐惧的意义

恐惧是"自由在自己面前出现的可能性"的征候。克尔恺郭尔的意思是说，我们所有人都可以自由地选择我们要做的**事情**，并且因此而发现我们是**谁**。绝大多数人通常对于这个事实只是一知半解，因为他们不会对这个问题打破砂锅问到底。一个人很容易变成"公众的""庸俗的"成员，让其他人代替他做出选择。但是，关于基本的自由的认识一直在那里，而焦虑永远都不会悄无声息地消失。

恐惧也许和晕眩联系在一起。一旦自由轻视它自己的可能性，就会发生自由的晕眩。

亚当的诱惑

克尔恺郭尔用《圣经》中的例子澄清了这个观念。每个人都知道亚当和夏娃的故事。为什么亚当会违反上帝的诫命而偷吃知识树上的苹果？通常的解释是，诱惑亚当和唤醒他违反诫命的欲望的，正是那种禁止。克尔恺郭尔的解释可谓另辟蹊径。禁止唤醒的是打破诫命的恐惧，而这种恐惧使得亚当永远处于一种焦虑之中。

禁止使得他焦躁不安，因为禁止唤醒了他身上自由的可能性，令人惊恐的**自由行动**的可能性。

亚当吃了禁果，便把他从那种永不停歇的焦虑中解放了。上帝想必早已知道这个诱惑是无以复加的。但是，归根结底，决定是亚当独自做出的，没有任何人参与其中，因此，他必须为自己做出的决定负责。

害怕自由

克尔恺郭尔对"害怕自由"的分析极具启发性,后来的哲学家让-保罗·萨特和**埃里希·弗洛姆**(1900—1980年),无论他们如何千差万别,都沿着这个分析继续前进并且有所发展。"害怕自由"使得个体和社会整体变成"非本真的"。无论是作为个体,还是作为群体,人们通常都欢快地"逃避"这种害怕,退回到对于其他人支配的那些意识形态的服从之中。

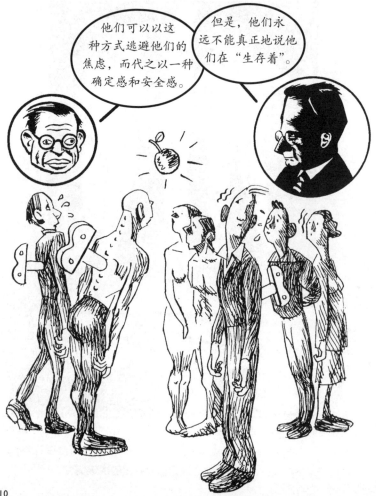

他们可以以这种方式逃避他们的焦虑,而代之以一种确定感和安全感。

但是,他们永远不能真正地说他们在"生存着"。

继承原罪

《恐惧概念》一书剩余的部分包含一些更加稀奇古怪的观点。亚当的"原"罪被所有人继承下来了。更糟的是,接下来的每一代人都会把自己的罪恶添加到上头。那样一块里程碑,随着人类向前发展,会一代又一代地变得更大、更重。在这方面,克尔恺郭尔似乎赞同黑格尔关于个人和家庭的观点。

整个家庭参与个体之中,而个体也参与家庭之中。

因此,可以推测,米凯尔的亵渎之罪是他儿子必须承负的罪,直到他也撒手人寰。

性与罪

克尔恺郭尔关于人的性欲的观点,也非常严酷。

罪进入世界,而性欲进入存在者……

一个人不可能和另一个人分离。

在克尔恺郭尔看来,这可以解释,为什么性欲的观念总是伴随着焦虑的情感。性欲与亚当对于违反上帝的法律、第一次犯罪和上帝的诅咒等最初的恐惧联系在一起。在克尔恺郭尔对于他同胞的描述中——把他们描述为纯粹的精神潜在地"陷入"腐败的身体——带有某种米凯尔的色彩。毋庸置疑,克尔恺郭尔对于他自己的性欲有着一种极端的焦虑,而他试图通过把自己的人生设想为,通往"纯粹精神"的苦行生活的一段渐进之旅,来逃避这种焦虑。"精神已经大获全胜,而性欲遭到了遗忘,它只有在遗忘中才会被记得。"

焦虑的时代

作为哲学家，克尔恺郭尔第一个认识到，在我们的现时代，人们出于某些不能轻易理解的原因，体验到各种"焦虑"的情感。

接下来的阶段

克尔恺郭尔在《人生道路诸阶段》一书中，继续探索他自己的人生和他关于女性、婚姻、伦理、心理学、罪责和责任的观点。书中有五位极具犬儒精神的男性发言者，他们讨论了女人和爱情，最后得出结论说，二者都不必严肃地对待。

以前你遇见过我们四个……

法官威廉来到此地是为了捍卫婚姻，而反对他那些（到现在为止）醉醺醺的批评者。

在该书的一个部分（"有罪责？无罪责？"）中，"沉默的兄弟"不厌其详地讲述了另一个持续了一年但最终以不幸结束的婚约。故事提到的这个年轻人[名叫"奎丹"（意思是"某人"）]的一切复杂感情、思想和动机都得到纤悉无遗的分析和讨论。

就像克尔恺郭尔一样，奎丹被责任困扰住了。即使婚姻变糟的可能性远在十万八千里之外，他也不想承诺婚姻。"一种伦理的义务不能被一种可能不会发生的思想所取消。"

噩梦

奎丹勇敢地尝试着,对他那无休无止的忧郁特征和原因进行审察。这些特征和原因是以下两种东西的错综复杂的混合物,一方面是他自己的各种罪责感,另一方面是他从他父亲——一位做过最可怕的噩梦的老人——那里继承而来的各种抑郁症的倾向。奎丹,像克尔恺郭尔一样,和他父亲共用一个卧室,最后,他终于意识到,这个老人有点像一个怪物。

如果曾经有一种同情的痛苦,那么,那就是不得不以他自己的父亲为耻的那种痛苦,他无比真挚地热爱过自己的父亲,而又最受益于他父亲。

这本书以一个轻松得多的音符结尾。奎丹反讽般地认识到,生活就是受苦受难,而能走出个人绝望之沼泽的道路,就是跃入第三个阶段——宗教的生活方式。

《致死的疾病》

克尔恺郭尔认为,《致死的疾病》是他写过的最好的书。当然,现在,这个观点并非他的全部读者都认同。该书的主题还是绝望——大多数人在绝大多数时候都曾陷入这种精神状态,即使他们并非总是有意识地意识到这一点。

没有一个活生生的人不是活在某种绝望之中的,不是在他最内在的存在中对某种不可知的事物有某种恐惧,这是一种对生活的可能性的恐惧,是对他自身的恐惧。

我们的治疗的任务

幸运的是，这本书告诉我们如何应付。作为人，我们所有人都有一个被给定的独一无二的个体自我。对大多数人来说，这个自我是自然给予的；但是，对一个基督徒而言，他是他和上帝之间的关系的产物。这两种人都体验过绝望的感觉，但是是以不同的方式。一般说来，我们假定，绝望是一种有着特别的原因的情感——就像被一个恋人抛弃。

但是，我在这里指的是那种朦胧的不安，它是由对于自我的沮丧导致的。

这种不安之所以发生，是因为获得一个真实的自我是一项任务，是一项必须努力完成并且得到彰显的任务。

随着人的自我不断向前发展，它对于万事万物知道得更多了，包括对于它自身。但是，那些随波逐流地生活而没有认识到他自己的任务之重要性的人，永远不会变成本真的人。即使是一个成就斐然的学者，由于没有这种自我意识，也不能变成一个成功的人，而只是某种出色地从事分析工作的机器人。

权力意志和自我

同样的东西,也适用于诸如感性和意志这样的其他人的属性。如果你感性的本性对准某种不可能地大的东西,比如,"一切人",那么,它将会变成不真实的和非人的。"意志"应该是在一种直接的状况中使用的。一个人越是拥有更多"意志",那么,他就越是得到更多"自我"。但是大多数人没有很多权力意志(willpower)。他们弯弯绕绕走过一生,回避他们是**谁**这样带有挑战性的问题。克尔恺郭尔关于意志的观点,可以与19世纪中几个哲学家——尤其是**阿尔图尔·叔本华**(1788—1860年)和**弗里德里希·尼采**(1844—1900年)相媲美。

对自我的忽视

　　朦朦胧胧的绝望感，是"蓄意"忽视自我的一种不可避免的副产品。对很多人来说，这是一种有意为之的策略——通过忽视以回避问题。对其他人来说，回避策略牵涉发明一个新的自我的问题，他们自己把这个自我描述为永远不会真诚地实现的可能性。这样的个体对他们自己而言是"陌生人"，在某些场合，这样的个体变成了自杀者。

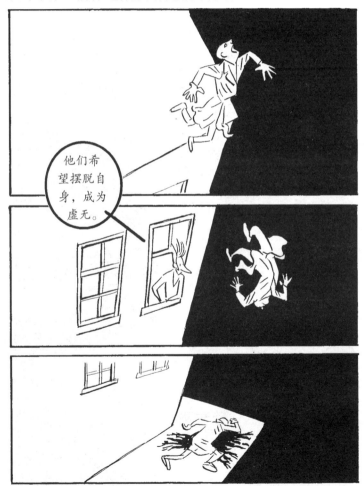

他们希望摆脱自身，成为虚无。

什么是疾病?

对于"自然的"人来说,死亡是悲剧性的——生命的终结。对一个基督徒而言,死亡是一个意义小得多的事件——只不过是通往永恒生活的一个阶段而已。但是,对于坚定的基督徒来说,这种朦朦胧胧的忧郁情感可能会变成更糟糕的东西——**绝望**,而绝望就是"致死的疾病"。这是一种悖论,一个人越是发愤图强要成为一个好人,他就越是意识到他自己的罪责及其伴生物——一种对于罪的绝望感。解药是信仰。

如果一个个体变成了"奠基于"上帝之中的个体,那么,绝望感就得到解决了。

《致死的疾病》是通常看来相互冲突的东西——一面是鞭辟入里的心理学,另一面是不那么直接地富有吸引力的基督教神学——的混合物。"成为你自己"不是易如反掌之事——它涉及漫长的斗争和一种近乎残忍的诚实,大多数人都会回避这种诚实。克尔恺郭尔感到,他必须亲身加入这场"自我斗争",而它将会破坏他极有可能获得的微不足道的幸福。他总是保持着高度的自我批判。

成为一个真正的基督徒

在他晚期的一本著作《基督徒的训练》（1850年）中，克尔恺郭尔宣称，一个真正的基督徒必须是和基督"同时代的"。假如19世纪的丹麦公民碰巧遇见了耶稣——由许多乞丐和疯子陪同着的一个木匠的儿子，他们当中绝大部分人都会心惊胆战、不寒而栗。

在其生命的最后几年，这种学说完全统治了克尔恺郭尔，给他带来了嘲弄与不幸，并且激怒了国家教会。

世界之中的修道院

在撕毁了与蕾琪娜的婚约之后,克尔恺郭尔相信,他必须在世俗的审美主义者的生活和"修道院"之间做出选择。对于一个丹麦的清教徒而言,修道院的生活实际上就不是一个选项,因此,他像一个隐士一样度过他的晚年,阅读神学和哲学著作,撰写他那些不同凡响的著作。不经意间,他"瞥见过几回无限者",但是他从来就不是狂热的神秘主义者或激进的持不同政见者。

丹麦是一个专制的君主立宪制国家,立路德教为它的官方国教,而克尔恺郭尔仍然保留着成为一个小小的乡村教区的路德会牧师的想法。主教明斯特是克尔恺郭尔家的老朋友,曾经和他父亲就神学问题展开辩论,他认为,克尔恺郭尔自己的宗教对他来说"调子定得太高了",以至于他无法成为一个不起眼的乡村传教士——这个判断现在看起来真是入木三分。克尔恺郭尔太过热衷于自我否定、苦难和地狱之火,以至于不适合绝大部分农村教区的居民。

克尔恺郭尔完全放弃了成为一个教会雇员的想法，并为丹麦王国的基督教贴上了一块"基督教世界"的牌子——它是一个从俗浮沉、等级森严、定于一尊的制度，唯独完全没有任何真正的灵性。

在这个基督教世界中，善良的、咕哝作声的、体面的资产阶级的一员，只要他对牧师慷慨大方，就会被认作是真诚的基督徒。

教会就是一台"一直嗡嗡作响的机器"。如果能够证明基督没有实际地存在过，他说，那么，会有多少善良的基督教牧师会真的辞去他们的职位呢？

野生和驯服

克尔恺郭尔还和他的老朋友**汉斯·克里斯蒂安·安徒生**（1905—1975年）结成了"神圣同盟"，并以安徒生的笔法撰写了一系列关于早期基督教教会的寓言，把它比作彼时以基督教的名义大行其道的那种腐败和驯服的机构。

主教明斯特

克尔恺郭尔期待，主教明斯特会公开答复他在《基督教的训练》一书中提出的对于国家教会的批评。但是，主教在1854年1月下旬去世了。丹麦最著名的神学家马滕森教授在葬礼悼词中称，明斯特主教是"真理的见证人"——一个无比善良的人，一个足以跻身最早的十二使徒之列的人。克尔恺郭尔对此义愤填膺。明斯特主教曾经是一个生活优裕的野心家，绝对称不上会响应号召去证成其信仰，更糟的是，对于克尔恺郭尔这种带有禁欲色彩的宗教品位来说，主教之为人远远谈不上宽以待人和思想开明。

《瞬间》

克尔恺郭尔感觉自己受了明斯特的欺骗，而他曾经是多么崇拜他啊！明斯特根本不是什么真正的使徒：他几乎没有遭受过任何灵魂的痛苦，或者说，像耶稣早期的门徒一样备受嘲讽，甚至以身殉教。克尔恺郭尔的观点变得更加尖锐和极端，这些观点公开发表在他自己出版的小报——《瞬间》上。

在 1855 年 5 月到 10 月间，《瞬间》总共出版了九期。有时，克尔恺郭尔猛烈抨击的，似乎是他自己可能会变成的那种人。"牧师舒舒服服地居住在他的乡村寓所之中，并且前程似锦，晋升在望；他的妻子心宽体胖，他的孩子也毫不逊色。"

《海盗报》事件

在几年前,克尔恺郭尔曾经卷入一个反对他的捕杀女巫的事件,而这件事情一定程度上是他自己制造的。《海盗报》是一份格调轻浮但是发行量很大的讽刺报纸,这份报纸的主要特色是嘲弄哥本哈根的富人和名人,揭穿他们的真实面目。克尔恺郭尔的一位老朋友 P. L. 莫勒尔(他可能是"勾引家约翰尼斯"的原型)写了一篇关于《人生道路诸阶段》的讽刺性评论,批评"奎丹"这个人物,并且明确地把他和克尔恺郭尔本人等同起来。他在文章中写道,让年轻女性接受某种实验性的精神折磨,是卑鄙可耻的。

如果你想把生活看作是一间解剖室,把你自己看作是尸体,那很好。

但是,为了把另一个人编织进他自己的蛛网之中,活生生地肢解她,或者以实验的名义,一点一点地在她的灵魂中折磨她——这种做法是不允许的。

克尔恺郭尔莫名其妙地因为这篇评论而勃然大怒，而且很不明智地，写了一篇非常浮夸的答复，来捍卫他的著作。《海盗报》继续对他进行攻击。在他自己极为富有之时，他显然只是假装支持穷人。他的卡通形象看起来弱不禁风，这个形象夸大了他的细腿、可笑的裤子、炉管似的帽子和弯着腰走路的样子。他一度很享受每天例行的散步以及和普通人闲聊。现在，他们都指着他，大喊着各种侮辱性的绰号。

这是他永远没有从其中恢复过来的一个事件。他变得越来越离群索居，越来越成为一个政治上的反动派，越来越对大众媒体吹毛求疵，大众媒体把个体简化成了由一群匿名的敌对面孔组成的毫无思想的大众——"公众"。

《现时代》

在他的论文《现时代》中，克尔恺郭尔反思了这个令人遗憾的事件的全过程。现时代是这样一个时代，在这个时代之中，人们对一切都感到好奇，但是却一事无成——这要感谢各种新的大众媒体，用各种未经筛选的信息对他们狂轰滥炸。一切有意义的差异，在这里都被彻底抹平了。

现代公众领域

在这个现时代,每一个人都有一种意见,但都不是他们自己的,而是基于各种匿名的和缺乏独创性的信息。新的"公众"现象诞生了。

公众既不是一个民族,也不是一代人;既不是一个共同体,也不是一个社会,不是任何具体的东西,没有任何真实的承诺。

"乌合之众"是指一群打发无聊的旁观者,他们没有能力区分重要的东西和肤浅的东西。他们就别人的观点和生活做一些人云亦云的、毫无风险的评论,而对于他们自己的生活提不出真正的意见。克尔恺郭尔会对我们自己的通俗小报、电视肥皂剧和因特网做何评论,不需要太多猜测就可想而知。

往昔岁月

到了 1848 年,克尔恺郭尔虽然才 35 岁,但是他的容颜与举止已经像是一个老人。他的日益恶化的经济状况意味着,他必须卖掉房产而搬到公寓中——尽管他仍然享受浅斟低酌的快乐,使唤着两个仆人。他继续写他的长篇大论、高头讲章,出版了好几部关于基督教信仰的"立论之作"。他仍然认为他的使命是,把丹麦的国家教会恢复到早先的更加纯粹的状态。

这位厌世的作家对于当时发生的主要政治事件,诸如 1848 年的欧洲暴动,丹麦和德国之间的战争,以及丹麦专制君主制的终结等,都视而不见,毫不留意。1849 年,蕾琪娜的父亲去世了,克尔恺郭尔给她写了很多封信,但是都被她的丈夫明智地退回了。

克尔恺郭尔坚持认为,他那些没有得到承认的作品的目的,是唤起读者心中对宗教的渴望感,并以此证明他有资格得到承认。

疾病和死亡

《海盗报》的编辑,阿隆·戈尔德斯密特,实际上是克尔恺郭尔早期著作的一个崇拜者,他非常遗憾自己讽刺过这位现在与世隔绝而又心灵脆弱的作家。

到他该死的时候了,因为讨人喜欢是他现在能够忍受的最后一件事情。

1855年10月2日,克尔恺郭尔突然跌倒在大街上,然后被送到了弗里德里克医院。

临终之时

他的两条腿都瘫痪了,看起来某些疾病接管了他的整个身体。他拒绝领圣餐,即使是从他的老朋友埃米尔·博森牧师手中。

索伦·克尔恺郭尔死于 1855 年 11 月 11 日,葬于他的家族墓地中。他的侄子和他的私淑弟子,亨里克·伦德,抗议墓地的工作人员提供的正统路德会的服务。现在,克尔恺郭尔的纪念碑摇摇晃晃地倾斜着,但是,他父亲的那块令人印象更加深刻的墓碑的基座阻止了它倒到地上。

遗产

今天，没有人会否认，克尔恺郭尔给近代哲学、心理学、神学和人类思想的其他变种之历史留下了巨大的影响。如果克尔恺郭尔本人发现，他自己和他的著作成了无神论的存在主义者、人文主义的神学家和其他形形色色的后现代主义者和解构主义者的支撑，他也许会苦恼不堪。但是，他实际上只能自我责备。

克尔恺郭尔和审美主义者

克尔恺郭尔许多"苏格拉底式的"争论,常常引起令人兴奋而又富于挑战性的解读。但是,对于那些想要更加晓畅而一贯地阐明克尔恺郭尔自己的观点的人来说,这些著作可能会让他们大伤脑筋。但是,那种想法实际上误解了克尔恺郭尔的整个规划。他执意要让他的作品为读者自己的思想和他们的自我发现留下一定的空间。

这样就使得读者自己积极参与进来——这种做法和现代的鹦鹉学舌般的学习方法正好对立。

克尔恺郭尔拿来对我们进行狂轰滥炸的,正是各种可能性和问题,而不是教条。这可能是一个危险的策略。克尔恺郭尔也许对于审美主义的生活方式持批评态度,但是没有人比他更好地用那种观察、想象和体贴解剖过这种生活方式的基本特征。那些阅读约翰尼斯的"一个勾引家的日记"的人,自己也很容易被勾引。

生产线

克尔恺郭尔不是一位传统的或体系性的哲学家。他没有一个由连贯的论证所支撑的清晰主题。他是一个具有强迫症的写手，他勤耕不辍，著述等身，他出版的著作的形式不拘一格，包括哲学著作（大部分是以假名出版的）、书信、报纸文章、学位论文、日记、宗教言论、对作者身份的解释、宗教寓言，以及对于神职人员和杂志编辑的不容置疑的谩骂等。他是心理学家、小说家、自传作者、神学家、艺术批评家和诗人，还是一位哲学家。他建立了一种与众不同而且尤其适合他自己的信念的哲学写作样式……

必须成为焦点的，必须是这个特定的个体，而不是诸如"人的本性"这样的一般抽象。

他建立了一个"哲学家－小说家"的传统，许多存在主义作家对这个传统亦步亦趋。

这就意味着把哲学问题放在个体生存的实际处境中来审查。

克尔恺郭尔在这方面非常"摩登（现代）"，即使他关于性欲、政治和社会的某些观点，现在看起来极具"维多利亚时期的色彩"。

如何走近克尔恺郭尔

有时，克尔恺郭尔的作品可以这样来看待，就像他在和其他哲学家——尤其是黑格尔——进行一场断断续续却全面、彻底的对话。这种途径可能会使克尔恺郭尔的作品看起来无非就是一种批判性的评论——但是，实际情况并非如此。有时候，有些业余的和专业的精神分析学家会把他的著述看作是关于他自己的内在心理的信息……

对于这个可怜的丹麦人的案例研究，可能会引发一种引人入胜的解读，但是，对于克尔恺郭尔来说，他仍然不只是一束神经官能症，由性压抑、疑病症、恋父情结和宗教狂热等组成。

存在主义之父？

克尔恺郭尔抗拒被装进任何一种"运动"或者学院哲学之中。他自己的著作在他死后的很多年里没有得到多少关注，直到获得20世纪的存在主义哲学家**卡尔·雅斯贝尔斯**（1883—1969年）、**马丁·海德格尔**（1889—1976年）和**萨特**等人的承认。

谁是存在主义者？

在存在主义是否的确是一种"关于个体的哲学"的问题上，存在主义哲学家所反对的和他们所赞成的一样多——也许这一点无须大惊小怪。

但是，他们所有人都对大部分"西方哲学传统"怀有一种敌意，因为这个传统聚焦于抽象的知识问题。

匿名的大众

克尔恺郭尔见证了现代世界的形成，现代世界吞噬了个体，产生了"大众"和"集体"这样"可怕的抽象"。他对于"公众"的鄙视一定程度上基于他自己的胆怯和差异感，但是也来自于他对黑格尔的个体观念的拒绝，黑格尔只是把个体看作是家庭、共同体、社会和国家的一个组成部分。

为了到集体的观念中寻找庇护所，这个时代背叛了个体。

这种对于传统的拒绝和对于个体的"拯救"，在一切存在主义哲学家那里都处于核心地位。

对选择的漠不关心

长期以来，西方哲学鼓励"没有激情的知性和反思"，对真实的生命（生活）持一种冷冰冰的、不偏不倚的疏远态度。在克尔恺郭尔的心目中，哲学家是一群自欺欺人的学者，他们想象自己可以达到绝对的真理，这种真理可以使生活摆脱一切痛苦，使个人的选择完全作废。

哲学不得不再次"接触"个体的直接的将来，这些个体试图决定如何对待他们的生活。

人们总是不断地面对"非此即彼"式的两难困境。告诉他们，他们只是某种"集体精神的自我实现"的一小部分，这完全无济于事。

客观反思的方式使得主体变成了偶然的，并且因此而把生存转变为某种无关紧要的东西，某种渐渐消失的东西。

客观地主观的东西

在克尔恺郭尔看来,能够对真正的人造成影响的最基本的真理根本就不是"客观的"。我们在日常生活中处理相互之间的问题和社会问题时,都会产生特定的人际关系,关于这种关系和我们对于上帝的信仰的"真理",都涉及激情和承诺,而"理性"与"知识"在这种激情与承诺中只扮演一个很小的角色。

充满激情的信念

决定它们是否是"真理"的,是我们的信念的激情和强度,而不是某种外在的证实。这尤其适用于那种内在的完全不可证明的宗教之信念。

在最有激情的内心的无限逼近的过程中,紧紧抓住的一种客观不确定性就是真理,是一个生存着的个体所能达到的最高真理。

生存和人的在场

克尔恺郭尔的核心主题是生存,但是,这不是客体和观念的存在,而是人的生存。他接下来问,作为一个人"生存着"是什么意思?他被这样一个事实搅扰得心神不宁,即我们所有人都生存在时间之中,而且人生苦短。这就使得我们整个的"生存"的观念变得极其紧迫。你可以闲庭信步般度过一生而回避思考任何类似的问题,你也可以通过拷贝别人的人生而鲜衣美食、吃穿不愁地度过一生。别忘了,绝大多数人都是这样做的。但是,你不想"生存"——不想作为一个个体而生存。

或者你像一个超然的观察者，陷入由各种抽象和体系组成的世界中。

但是，如果要真正地生存，你必须面对关于"人的条件"的某些基本真理，并决定你将对此做何反应。

责任与献身

另一个重要的生存论的真理（或者学说）是，每一个个体都是自由的。我们所有人必须不断地就我们如何对待我们的生活做出选择。显而易见，这些选择会累积在一起，最终决定我们最后会变成什么类型的人。克尔恺郭尔把这个过程想象为，在不同的"阶段"或"不同的领域"之间做出的戏剧性的选择——有很多次，他自己也为选择什么阶段或领域而进行沉思。

只有我们自己，能够选择我们做什么，决定我们是谁。我们必须通过献身其中，来证明我们是这些关键决定的"物主身份"。

怯懦

许多人想方设法要逃避做出重大的选择和献身其中。

做出不可逆转的决定必然导致的责任,是极其艰巨的。如果事情变糟了,其他人可能会受到伤害,你也可能会毁灭你的全部生活;而且,任何一件事情发生,你都责无旁贷。这种令人不愉快的真理,经常以心理学的方式表现为各种朦朦胧胧而不确定的不安感,这些情感只是真正的"生存"不可分割的一部分。克尔恺郭尔认为,在处理每一个基督徒的罪恶和罪责的情感时——这种情感只有上帝才能消除,这种"恐惧"(焦虑)也有更深的神学根源。

存在主义的关键词

现代存在主义者现在并不和克尔恺郭尔共享那些极其古怪的、关于累积性的原罪之观点。但是几乎所有存在主义者都同意他其余的诊断。克尔恺郭尔发明了存在主义者使用的绝大多数关键性的概念。

他是什么意思呢?

但是,克尔恺郭尔自己商标的存在主义,真的令人信服吗?通常很难批评克尔恺郭尔,因为他是以他自己独一无二,且有时是难以捉摸的方式,来使用这些特殊的关键词的。

在悖论激发宗教信仰的需要之时,他就公开颂扬悖论;但是很快,他就在其他地方特意标出和批评这些悖论完全不合逻辑。

主观的真理

克尔恺郭尔的文字体操的最佳例证，是他关于"主观的真理"的核心学说。柏拉图以来的大部分哲学家都需要某种客观的证明或证据，以证明某些东西是"真的"。

对于一切封闭的体系进行批判，并不能证明克尔恺郭尔自己极端的首尾不一致是合理的。甚至他那著名的"诸阶段"也有时候是两个阶段，有时候是三个阶段，有时候是五个阶段。他也并不总是很清楚它们如何相互联系在一起，或者它们到底有没有联系。

我们真的是"自由的"吗?

一切存在主义者都是非决定论者或者反决定论者。如果他们想要强调人类自由的价值的话,他们不得不如此。这就使得"自由"在很大程度上变成了一个伦理的字眼或者"价值"词语。一种被自由地选择的行为,在道德上要高于那种不是自由选择的行为。做出自由的决定使得你和"大众"泾渭分明,判若天渊,即便这个决定后来使你受制于一系列不愉快的情感,例如绝望感和焦虑感,以及诸如此类的东西。

但是,我们真的像克尔恺郭尔坚持认为的那样是自由的吗?

存在主义哲学家通过诉诸每个个体的"自由感",而回避或者掩饰了自由意志的错综复杂的经验问题。我们是自由的,因为**感觉**就是这样。

决定论的议题

但是,决定论的烦人的设定,不可能如此轻而易举地就回避掉。克尔恺郭尔总是对"人文科学"抱有敌意,这是因为它们抽象地、总体地考察人类存在者,而对于使得每个个体各具特色的东西完全视而不见。但是,其他的哲学家、心理学家和遗传学家坚决质疑,我们到底有多自由,才能做出"我们"自己的决定,以至于我们能够真正地"生存"。

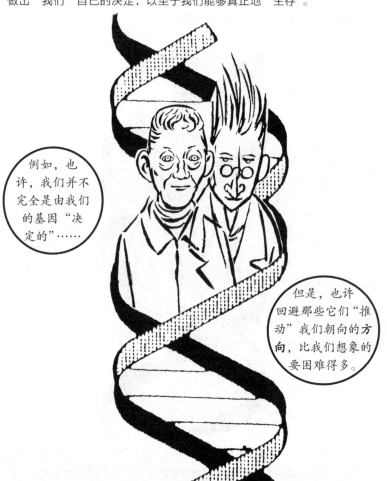

例如,也许,我们并不完全是由我们的基因"决定的"……

但是,也许回避那些它们"推动"我们朝向的方向,比我们想象的要困难得多。

心灵是透明的吗？

许多存在主义者，包括克尔恺郭尔在内，都倾向于赞同笛卡尔的心灵的模型——在谈及选择的时候，心灵是"透明的"并且对它主人的检查保持开放。但是，许多心理学家已经指出，我们对于在我们头脑中发生的思维过程，只有模糊的意识。如果情况是这样，那么，我们就可能被迫"选择"某些类型的信念与行动，而它们只是表面上看来是"我们的"。对于克尔恺郭尔无休无止的罪责感和罪恶感，**西格蒙特·弗洛伊德**（1856—1939年）有一些令人兴致盎然的话要说。

自由的不确定性

克尔恺郭尔有过一个令他心有余悸的童年,这明显对他的一生产生了某种决定性的影响。

社会产物

在它颂扬个体和谴责"乌合之众"时,存在主义是一种非常"浪漫主义的"哲学。但是残酷的事实真相依旧是,我们所有人不可避免地都是社会的动物,是我们的文化环境的产物,而且就像马克思主张的那样,被那些也许真正决定着我们的"意识"的经济力量所碾压。也许相信我们自己的独一无二听起来很舒服,但我们仍旧是我们的社会和文化环境的复杂产物,而对它们塑造我们的方式,我们每个人并不总是很清楚。

自由的抽象

马克思也许会批评克尔恺郭尔犯了"抽象"的错误——他把"自由"和"宗教"仅仅当作它们所不是的先验真理。克尔恺郭尔对于一种纯粹的或者"抽象的"个人自由情有独钟,看起来像是一种"抽象"。

他几乎从来没有提到这样的社会,这种类型的社会必须存在,不仅是为了一小撮幸运的个体可以"自由地"进行选择。

大多数人都受限于某些政治的、社会的和经济的状况——这些状况严重地限制了对他们开放的可能性的范围。所以,在黑格尔坚持认为,对于"自由"这样的词必须更加精确地定义时,也许他是对的。

我们不可能绝对自由地选择我们将变成什么样的人。也许我们**应该**这样行动,就像我们是"自由的",而把一切决定论的包袱都抛在脑后。但是,那样一来,克尔恺郭尔谈论的"自由"究竟是一个事实,还是一种价值——或者,令人更加疑惑的是,属于二者之间的某种东西,这仍然晦暗不明。

克尔恺郭尔后辈

如果没有克尔恺郭尔为考察人的状况而建立的概念框架，海德格尔和萨特的哲学看起来是不可思议的。海德格尔追随克尔恺郭尔，同意那使得人和世界上的一切其他事物区别开来的东西，就是一种特殊形式的"生存"。我们如何选择和我们选择什么，将会决定我们是谁。但是，海德格尔更多地意识到了那些强加给我们的各种限制，这些限制绝非我们自己的杰作。

海德格尔普及了"非本真的"这个术语，使它成了存在主义的一个标志。

萨特的存在主义始于这样一个前提，即，不存在神，因此宇宙是荒唐的。如果没有任何神圣的权威可以依靠，那么，这就会导致更加强调人的自由、选择和责任的作用。

萨特详细地阐述了"有坏信仰"的人为了避免不得不面临严峻选择的现实，而使用的那些五花八门的策略。

现代神学

有一个充分的理由，可以证明克尔恺郭尔是第一位现代神学家。

成为一个"基督徒"，是对于一个人与上帝之间的关系做出的"生命承诺"，而不仅仅是被动地服从一套传统的规则和教义。所有后来的"存在主义的"神学家都分享了这个观点——尽管并不是所有人都会同意，一种宗教越是悖论性的，它就越需要信仰，因此，它也就变成令人敬佩的。

那种"有意志的信仰"相当可疑啊……

信仰不是一种结论，而是一种决断。

但是，如果我们相信什么东西，那这似乎更多的是一个自觉的过程，有意识地做决定，在这个过程中是缺席的。例如，我们不会有意识地"意愿"橘子是橘黄色的，或者 2+2=4 等。但是，在克尔恺郭尔强调信仰是如何与一个个体的性情、行动和整体的生活方式密切相关的时候，他当然是对的。

存在主义的哲学家

为数极少的现代神学家像克尔恺郭尔一样,坚决把注意力集中在受难、罪、罪责和害怕等问题上,把它们看作是一个真正的基督徒唯一令人信服的证明。卡尔·雅斯贝尔斯认为,克尔恺郭尔的基督教是一种过度否定性的基督教。

它不承认婚姻,不承认这个世界上的职责,也不承认对于普通的、日常的生存的享受。

克尔恺郭尔离宗教信仰的公共本性和"善行善举"在基督教生活中的作用太遥远了。

卡尔·巴特
(1886—1968年)

即使如此,他致力于在时间性的人的生存和神圣的永恒性之间做对比,这绝对是基督教信仰的一个至关重要的方面。

宗教信仰必须被看作是"存在的根基"。

保罗·蒂利希
(1886—1965年)

也许蒂利希最接近克尔恺郭尔,他们共同强调选择在基督教生活中的至关重要的作用,在人类和无限的上帝之间存在着巨大的鸿沟,以及大部分基督教信条的悖论本性。

后现代的反哲学家

克尔恺郭尔之所以在今天备受赞誉,是因为他和始于苏格拉底而目前终结于"后现代的"哲学的"反哲学家"传统一脉相通。克尔恺郭尔不信任本质主义的形而上学。逻辑概念不能告诉我们关于真正主体的任何东西——尤其是如何过你的生活。克尔恺郭尔似乎是一个典型的后现代的反本质主义者。

有一个"真正的自我"吗?

在他不信任整体性的客观"真理"以及在他拒绝启蒙运动对于专横跋扈的"理性"的信仰之时,克尔恺郭尔预言了"后现代的"基本主张。然而,现在,大多数后现代哲学家对于他的下列主张持有很深的保留意见,他强调,"主观性"必然是使我们成为人的那个东西的核心定义。

阿多诺、伊利格瑞和德里达

尽管有保留意见,但是,许多当代的哲学家——马克思主义者**特奥多尔·阿多诺**(1903—1969年),激进的女性主义者**露西·伊利格瑞**(1932年生)和解构主义者**雅各·德里达**(1930—2004年)——都写过研究克尔恺郭尔的著作。

我同意克尔恺郭尔捍卫个体自由的做法,个体自由当前正受到现代社会中各种压制力量的威胁。

成为一名本真的女性主体之难,和对克尔恺郭尔来说成为一个真正的基督徒之难,不相上下。

这是上帝最后一次对一个个体说话。所以,亚伯拉罕应该锱铢必较。

德里达解构了亚伯拉罕–以撒的故事。这一次,他主张,亚伯拉罕把他的儿子当作"礼物"献给上帝,在某种程度上于上帝和亚伯拉罕之间建立了一种更加平等的关系。

开放的阅读

克尔恺郭尔总是强调,他是一个"没有权威的作者"。因为他认识到作者的意义被"延迟了",是"反讽性的"和"对话性的"——从来就不是永远稳固的,永远也不会是"封闭的",所以,他是后现代主义者的同时代人。

对他来说,他组织语言的方式和他必须说出的东西同样重要——为什么要阅读克尔恺郭尔的另一个理由是,此事值得一试。

在类似本书的书籍消失很久以后,还会有人继续阅读克尔恺郭尔的著作。

延伸阅读

克尔恺郭尔写了35本书,大部分写于1842年到1850年间,还填满了他那多达22卷本的极为出色的《日记》。

实际上,克尔恺郭尔的著作现在都可以找到英译本,尤其是在那套《克尔恺郭尔著作全集》(*Collected Works of Kierkegaard*,霍华德和埃德纳·洪(Howard and Edna Hong)翻译并编辑,普林斯顿大学出版社出版)中。

最容易得到的是企鹅版的删节本《非此即彼》(*Either/Or*,1992年版),《恐惧与战栗》(*Fear and Trembling*,1985年版)和《致死的疾病》(*The Sickness Unto Death*,1989年版),均由阿拉斯戴尔·汉纳(Alastair Hannay)注译。最好先读《或者/或者》,它以令人兴奋而又予人享受的方式,把我们导入克尔恺郭尔这个人的光怪陆离的世界之中。

关于克尔恺郭尔的生平和著作的书

《克尔恺郭尔》,瓦尔特·洛瑞(Walter Lowrie),(牛津大学出版社,1938年版),是克尔恺郭尔的标准传记,但是现在有些过时了。

《克尔恺郭尔》,帕特里克·加迪纳(Patrick Gardiner),(牛津大学出版社,1988年版),该书详细叙述了克尔恺郭尔的生平,长于分析其大部分著作的哲学背景。

《克尔恺郭尔》,阿拉斯戴尔·汉纳,"哲学家的论证"丛书(*The Arguments of the Philosophers*,劳特利奇出版社,1982年版),该书极为出色,但是对于没有受过哲学教育的人来说,或许有些难。

《剑桥克尔恺郭尔指南》(*The Cambridge Companion to Kierkegaard*),阿拉斯戴尔·汉纳和戈尔登·D.马里诺(Gordon D. Marino)共同编选(剑桥大学出版社,1998年版),该书包含许多有用的论文。

还有一些一般性地论述现代欧洲思想的书,这些书在其他哲学的语境中也考察了克尔恺郭尔的著作,其中包括:

《从理性主义到存在主义》(*From Rationalism to Existentialism*),罗伯特·C.所罗门(Robert C. Solomon),Harvester出版社,1978年版;罗曼

和利特菲尔德出版社（Rowman & Littlefield Publisher），2001年版。

《现代欧洲哲学导论》(*An Introduction to Modern European Philosophy*)，由甄妮·台西曼和葛拉汉·怀特（Jenny Teichman and Graham White）编辑出版，麦克米伦出版社（Macmillan），1998年版。

有两本专门讨论作为激进神学家的克尔恺郭尔的著作，它们是：

《克尔恺郭尔》，茱莉亚·沃特金（Julia Watkin），"杰出基督教思想家"（*Outstanding Christian Thinkers*）书系，查普门出版社（Chapman），1997年版；Continuum出版社，2001年版。

《主体性和悖论》(*Subjectivity and Paradox*)，海伍德·托马斯（Heywood Thomas），布莱克威尔出版社（Blackwell），1957年版。

对于宗教哲学感兴趣的读者也许会很喜欢大部头的三卷本著作《十九世纪的西方宗教思想》(*Nineteenth Century Religious Thought in the West*)，由尼尼安·斯马特（Ninian Smart）等人共同编辑出版（剑桥大学出版社，1988年版），以及《理性与宗教信仰》(*Reason and Religious Belief*)，由米凯尔·彼德森（Michael Peterson）等人共同编辑出版（牛津大学出版社，1988年版）。

关于克尔恺郭尔的死对头（黑格尔）的哲学，最容易找到的著作依旧是彼得·辛格（Peter Singer）的《黑格尔》，"过去的思想家"（*Past Masters*）系列，牛津大学出版社，1983年版；牛津平装本，2001年版。理查德·波尔特（Richard Polt）所著《海德格尔》(UCL出版社，1999年版)——值得注意的是，考虑到它的主题——可谓深入浅出，雅俗共赏。萨特自己的《存在主义是一种人道主义》(*Existentialism and Humanism*)，有菲利普·麦乐特（Philip Mairet）的英译本，墨修恩出版社（Methuen），1977年版，可读性非常强——当然，企鹅和其他出版社出版的所有萨特的小说可读性都很强。亦可参见《恶心》(*Nausea*)，以及《自由之路》三部曲：《灵魂之死》(*Iron in the Soul*)、《理性之年》(*The Age of Reason*)和《缓期执行》(*The Reprieve*)；萨特的自传《词语》(*Words*)也是由企鹅出版社出版的。

这里最后提到的两本书是：特奥多尔·阿多诺（Theodor Adorno）的《克尔恺郭尔：美学的建构》(*Kierkegaard: Construction of the Aesthetic*)，由罗伯特·胡洛特-肯托尔（Robert Hullot-Kentor）翻译，明尼苏达大学出版社，1989年版；雅各·德里达的《死亡的赠礼》(*The Gift of Death*)，由戴维斯·尔斯（David Wills）翻译，芝加哥大学出版社，1996年版，这本书用"礼物""义务"和"死亡"等观念做了既有趣而偶尔又乏味的解构游戏。

最后，大卫·洛奇（David Lodge）的《治疗》(*Therapy*)，企鹅出版社，1996年版是一部有趣和动人的电影，其主人公是一位成功但不快乐的男子，他研究了克尔恺郭尔的著作，发现它们具有治疗作用。

致谢

本书作者一如既往感谢他无比敬业的编辑，理查德·阿皮尼亚内西，我强烈推荐他的大作《存在主义》（2001年版）。作者还要感谢奥斯卡·查拉特，因为他的热情、幽默感和友谊，也因为他是一位创造力惊人的插画家。作者还要感谢他做了一次非理性的跳跃，从放荡不羁的单身汉状态跃入和他的配偶朱迪斯的婚姻之中，而这并非仅仅由于她无偿的校对工作。

索引

aesthete 审美主义者 42,46—55
Anselm,St 安瑟伦 74
anxiety 焦虑 106—110, 113, 155
Aquinas,StThomas 圣托马斯·阿奎那 74

Barth,Karl 卡尔·巴特 167
belief 信念,信条 72,166
 see also faith 亦可参见信仰
Berlin 柏林 21—22
Bible, the 《圣经》 99—107, 109
books see Kierkegaard 著作,书,参见克尔恺郭尔
 as author; specific titles 作为作者;具体的题目
born 出生 2

choices 选择 29, 56—59, 68—69
Christ 基督 75
Christendom 基督教世界 127
Christianity 基督教 80—112,122—124,166—167
commitment 承诺,期望,献身 152
compatibilism 相容主义 74—77
Concept of Dread, The 《恐惧概念》 105
convention 传统,习俗 36—38, 48, 146
Copenhagen 哥本哈根 3
crowd,following 大众,乌合之众;追随大众 36—37

death 死亡 122
 of K 克尔恺郭尔的死亡 138
Derrida,Jacques 雅各·德里达 170
Descartes,René 勒内·笛卡尔 66
despair 绝望 12, 52, 56, 117
determinism 决定论 158
dread 恐惧 105—113

Either/Or 《非此即彼》 38—55
emotions 情感,情绪 31
ethics 伦理,伦理学 52,100—102
existence 生存,存在 66—68,150
existentialism 存在主义 143—144, 148—167

faith 信仰 73—77, 101, 122
father 父亲 3—9, 13—14
 affair 事件 8
fear 害怕 107—110
Fearand Trembling 《恐惧与战栗》 98
freedom 自由 27, 152, 157—163
 ofchoice 选择的自由 56—59
 fear of 害怕自由 110
Freud, Sigmund 西格蒙特·弗洛伊德 159
Fromm, Erich 埃里希·弗洛姆 110
future 将来 28

God 上帝,神 77,84—91
 see also religionguilt 亦可参见宗教,罪责 159

Hegel,G.W.F. 黑格尔 23-34, 58, 88, 94
faith and reason 信仰与理性 75—76
Heidegger, Martin 马丁·海德格尔 143, 164

idealist metaphysics 观念论的形而上学 26
illhealth 身体欠佳 4
incompatibilists 不相容主义者 77, 80

Jaspers, Karl 卡尔·雅斯贝尔斯 143

Kierkegaard as author 克尔恺郭尔,作为作者 60, 71, 141

language 语言 171

Luther, Martin 马丁·路德 78, 83
marriage 婚姻 45, 48—51, 53—54
Martensen, H. L. 马滕森 87, 129
Marx, Karl 卡尔·马克思 23, 162
mind, the 心灵 159
mother 母亲 5—6
Mynster, Bishop 敏斯特主教 129—130

natural theology see 自然神学
 compatibilism 参见相容主义
Nietzsche, F. 尼采 120, 144

Ockham, William of 奥卡姆的威廉 78
Olsen, Regine 蕾琪娜·奥尔森 16—20
ontological argument 本体论的证明 26, 85

Pascal, Blaise 布莱士·帕斯卡尔 79
past, the 过去 30
philistine 庸人 36—37, 46
Philosophy 哲学
 and living 哲学和生活 31
 and religion 哲学和宗教 76
Plato 柏拉图 74
priesthood 圣职 126—127

reality 现实 26
reason 理性 24—25, 73—79, 86
recluse 隐士 125
relationships 关系，关联 28
religion 宗教 4, 11, 13, 55, 56, 71—112
Repetition 《重复》 62
responsibility 责任 115, 152—154
risk 危险 33, 57

Sartre, Jean-Paul 让-保罗·萨特 105, 167
Schelling, Friedrich 弗里德里希·谢林 22
Schleiermacher, Friedrich 弗里德里希·施莱尔马赫 80

Schopenhauer, Arthur 阿尔图尔·叔本华 120
science 科学 96
Scotus, John Duns 约翰·邓·司各特 78
self 自我 118, 121, 169
sex 性 111, 122
Sickness Unto Death, The 《致死的疾病》 123
Silentio, Johannes de 沉默的约翰尼斯 98
sin 罪 111, 122, 159
Society 社会
 following 遵从社会 36
 viewson 关于社会的各种观点 27—28
Socrates 苏格拉底 12
Socratic debates 苏格拉底式的争论 140
stages 诸阶段 56
 see also choices 亦可参见各种选择
Stages on Life's Way 《人生道路诸阶段》 114
student 学生 10, 15

theology 神学 3—4
 studies 神学研究 10
 see also compatibilism; Religion 亦可参见相容主义，宗教
Tillich, Paul 保罗·蒂利希 167
trainingin Christianity 《基督教的训练》 124
truth 真理 32, 59, 92—96, 147—152, 156

uncertainty 不确定性 72
University of Copenhagen 哥本哈根大学 10

values 价值，价值观 59

war 战争 136
willpower 权力意志 120
Wittgenstein, Ludwig 路德维希·维特根斯坦 57

图画通识丛书

第一辑

伦理学
心理学
逻辑学
美学
资本主义
浪漫主义
启蒙运动
柏拉图
亚里士多德
莎士比亚

第二辑

语言学
经济学
经验主义
意识
时间
笛卡尔
康德
黑格尔
凯恩斯
乔姆斯基

第三辑

科学哲学
文学批评
博弈论
存在主义
卢梭
瓦格纳
尼采
罗素
海德格尔
列维-斯特劳斯

第四辑

人类学
欧陆哲学
现代主义
牛顿
维特根斯坦
本雅明
萨特
福柯
德里达
霍金